=

"거룩한 탕자"

그 둘째 아들은

마침내 돌아와 아버지의 품에 안겼다.

이제 그는 아버지의 품속에 있다.

그는 더 이상 탕자가 아니다.

다시 아버지의 아들이다!

그러나 그의 지난날을 허물하며

여전히 그를 '탕자'라고 부르고자 한다면

좋다! 그를 계속 탕자라고 부르기로 하자!

그러나 이제 그는 '거룩한 탕자'다!

—

귀한 분에게 드립니다!

주님의 작은 종

맑은 물 묵상집 vol. 1

거룩한 탕자

• 차례 •

성경 이야기

거룩한 탕자

그 귀한 세월 보내고 이제 옵니다.

나 뉘우치는 눈물로 주여 옵니다.

나 이제 왔으니 내 집을 찾아

주여 나를 받으사 맞아 주소서.

(찬송가 273장 2절)

어떤 사람에게 두 아들이 있었다.

둘째 아들이 아버지에게 말했다.

"아버지, 제 몫의 유산을 미리 주십시오!"

아버지는 그 아들의 요구를 들어주었고

자기 몫을 미리 받은 아들은

재산을 정리한 후에 아버지의 집을 나가 버렸다.

처음부터 그러려고 했으니까!

그런데 아버지를 떠나 먼 나라로 간 그는

그곳에서 날마다 방탕하게 살다가

결국, 가지고 있던 재산을 다 날리고 말았다.

게다가 그 나라에 심한 흉년까지 들어 기근이 말할 수가 없었다.

허랑방탕하여 무일푼이 된 그는 굶주리게 되었고,

모진 목숨을 생으로 끊지 못하여

하는 수 없이 들에서 돼지 치는 일을 하게 되었다.

그는 배가 너무 고파서 돼지가 먹는 쥐엄나무 열매로라도 배를 채우려고 했으나, 그마저도 주는 사람이 없었다.
그 둘째 아들은 그제야 정신을 차리게 되었다.

내 아버지 집에서는 품꾼들도 배불리 먹는데,
나는 여기서 굶어 죽게 생겼구나!
이제라도 아버지의 집으로 돌아가야겠다!
가서 아버지께
'아버지, 제가 하나님과 아버지께 죄를 지었습니다.
저는 아버지의 아들이라 불릴 자격도 없습니다.
다만 저를 품꾼으로 써 주십시오!'라고 말씀드리자.

그 아들은 마침내 아버지의 집으로 돌아갔다.
집으로 가고 있는 그가 아직 멀리 있는데
아버지가 그를 보았다. 아버지가 먼저 아들을 발견했다.
그리고 아버지는 뛰는 가슴으로 곧장 달려가
그 아들을 끌어안고 입을 맞추었다.
아들이 아버지에게 말했다.
"제가 하나님과 아버지께 큰 죄를 지었습니다.
저는 아버지의 아들이라고 불릴 자격도 없습니다."
그러나 아버지는 종들에게 이렇게 말했다.
"살아 돌아온 내 아들을 위하여 큰 잔치를 준비하라!"

누가복음 15:20

"이에 일어나서 아버지께로 돌아가니라. 아직도 거리가 먼데."

"아직도 거리가 먼데."

하나님 아버지에게서 아주 멀리 떨어져 있는 수많은 인생!
허랑방탕하며, 영적으로 유리방황하고 있는 수많은 영혼!

그대도 지금 하나님과 거리감을 느끼고 있는가?

거룩하신 이는 하늘에 계시고, 인생은 땅에 있는데
거리감을 느끼는 것은 하릴없는 것 아닌가!
"하나님과 나 사이의 거리가 먼데."

그래서 하늘에 계신 거룩하신 이, 하나님의 은총으로부터
자신이 아주 멀리 떨어져 있다고 그렇게 생각하고 있는가?

예수께서 비유로 말씀하신 이 이야기는
그런 그대를 위한 은혜의 이야기이고 사랑의 말씀이며
다른 이의 이야기가 아니라

곧 하늘 아버지와 그대 자신의 이야기이다.

이 이야기를 다 듣고 난 후에
그대의 발길이 어느새 아버지의 집으로 향하고 있기를!
기다리시는 아버지에게로 주저 없이 걸음을 옮기게 되기를!

> 어서 돌아오오, 어서 돌아만 오오.
> 지은 죄가 아무리 무겁고 크기로
> 주 어찌 못 담당하고 못 받으시리요
> 우리 주의 넓은 가슴은 하늘보다 넓고 넓어
> 어서 돌아오오, 어서 돌아만 오오.
> 우리 주는 날마다 기다리신다오.
> 밤마다 문 열어 놓고 마음 졸이시며
> 나간 자식 돌아오기만 밤새 기다리신다오.
>
> (찬송가 527장 1, 2절)

하나님과의 거리감을 느끼고 있지만, 그 오랜 감정은 여전하지만,
그러나 실상은 하나님께서 내게로 가까이 다가오시는데도
나 자신이 애써 뒷걸음치고 있는 건 아닌가?

하나님은 언제나 내게 은혜 베풀어 주기를 원하시는데,
'아버지를 떠나 저 멀리 타국에 있었던 탕자처럼'

내가 하나님을 아주 멀리 떠나 있는 건 아닌가?

"그래서 아직도 거리가 먼데….'

그러나 '아버지의 집으로'

아버지가 계신 곳으로 방향을 바꾸기만 하면,

눈을 들어 아버지를 바라보기만 하면,

두 팔을 벌리고 내게로 달려오시는 아버지를 보게 되리라!

누가복음 15:20

"이에 일어나서 아버지께로 돌아가니라."

그 아들은 깊이 뉘우치고 마침내 아버지의 집으로 발길을 돌렸다.

그러나 그 둘째 아들은 아직도 아버지에게서 멀리 떨어져 있었다.

"아직도 거리가 먼데."

그 아들은 아버지와 거리를 멀리 두고 살았던 인생이었다.

그러나 집을 나간 아들이

마침내 돌아오기를 끝끝내 기다리시는 아버지!

날마다 문을 열어 놓고,

그 앞에서 아들이 돌아오기만을 기다리시는 아버지!

누가복음 15:20 '아버지가 그를 보고'

마침내 집으로 돌아오고 있는 아들을 먼저 발견하고

그에게로 달려가시는 아버지, 변함없이 아들을 사랑하시는 아버지!

반면에 그 아들은 어떤 인생이었는가?

아버지의 품을 떠나, 갈 수 있는 가장 먼 곳으로 갔던 불효자!
아버지의 가슴에 대못을 박아 놓고는
먼 나라에서 허랑방탕한 삶을 살았던 비루한 인생, 그야말로 탕자!
그는 결국 재물을 탕진하고 나서야 비로소 아버지를 떠올렸고,
근심에 휩싸인 채 아버지의 집으로 터덜터덜 힘없이 걸어갔다.
그러나 돌아오는 자기 아들을 발견하고는
그에게로 달려가시는 아버지, 아버지의 힘찬 발길!

아버지와 아들의 발걸음의 차이가 느껴지는가?

그대의 걸음걸이는 어떠한가?
'주와 같이 길 가는 것'을 믿기에
어디로 가든 항상 경쾌한 발걸음인가?
그 발소리에 사탄이 놀라서 도망하고 있는가?
나 때문이 아니라, 내 곁에 계신 주님 때문에
마귀가 깜짝 놀라서 내게 주려 했던
모든 걱정거리와 근심 보따리를 싸 들고 달아나고 있는가?
아니면 늘 마귀의 밥인가? 오늘도 그대는 '마귀밥'인가?

"아직도 거리가 먼데."
이 비정상적인 거리감은 그의 말씀에서,
그의 은총에서, 그의 사랑에서 멀리 떨어져 있기 때문이다.
그러면 여지없이 마귀가 가까이한다. 아니 아주 착 달라붙는다!

이 비유의 말씀에 나오는 둘째 아들은 아버지의 사랑을
자기를 향한 아버지의 지극한 사랑을 알지 못했다.
그래서 아버지의 품을 떠났던 것이다.
행복은 아버지의 집에, 아버지의 품에 있는 것이 아니라
다른 곳에, 저 멀리 어딘가에 있다고 생각했기에
아버지의 품을 떠났던 것이다. 실로 큰 죄를 지었다!
그래서 뉘우치고 다시 돌아가면서도
그는 아버지의 용서를 바랄 수 없었고
아버지의 아들의 지위 회복은 전혀 기대하지도 못했다.

누가복음 15:19
"지금부터는 아버지의 아들이라 일컬음을 감당하지
못하겠나이다. 나를 품꾼의 하나로 보소서 하리라."
하나님의 지극한 사랑을 깨닫지 못하고 있다면
인류 전체의 모든 죄를 대속하기 위해서
자기의 외아들을 십자가에 못 박아 버린 하늘 아버지의
그 경이로운 사랑을 알지 못하고 있다면 곧 시대의 탕자다.

그 둘째 아들에게는 소망이 없었다.
그는 지은 죄 때문에 이제 자신에게는
더 이상 아버지의 아들로서 자격이 없다고 생각했다.
"아버지의 아들이라 일컬음을 감당하지 못하겠나이다!"

그래서 그는 자기가 집으로 돌아갔을 때,

다행히 아버지가 마음을 열어 자기를 용서하시더라도
잘해야 품꾼 정도로 받아들여질 것이라고 생각했다.

소망 없이 살고 있다면 내가 바로 그 탕자다!
그러나 다시 믿음의 눈을 들어 소망의 하나님을 바라보라!
믿는 자는 다시 소망을 품을 수 있다!

돌아온 탕자는
아버지의 아들로서의 특권을 다 상실했다고 생각했다.
그러나 아버지는 그 아들에게 어떻게 하셨는가!
"아들아, 이제 왔지만 전혀 늦지 않았다! 잘 돌아왔다!
나는 너를 변함없이 사랑한다! 네가 돌아와서 아주 기쁘구나!"

누가복음 15:22 이하

"아버지는 종들에게 이르되
제일 좋은 옷을 내어다가 입히고 손에 가락지를 끼우고
발에 신을 신기라 그리고 살진 송아지를 끌어다가 잡으라
우리가 먹고 즐기자 이 내 아들은 죽었다가 다시 살아났으며
내가 잃었다가 다시 얻었노라 하니 그들이 즐거워하더라(22-24)."

때를 따라 은혜로이 내려 주시는 생명의 말씀을 받으면서도,
그 사랑의 말씀들과 소망의 말씀들을 받고 있으면서도
축 처진 어깨로 마지못해 하루하루를 살아가고 있다면,
내가 바로 오늘의 탕자요, 이 불신 시대의 탕자다!

허나 그대의 영적 처지가 그러할지라도 고개를 들라!
그리고 "나를 보고 측은히 여기시는" 자비의 하나님과 눈을 맞추라!
하나님은 결코 그 자비의 눈길을 돌리지 않으실 것이다.

"아직도 거리가 먼데."

내가 지은 어떤 '죄'로 인해
사랑의 하나님으로부터 아주 멀리 떨어져 있는가?

혹은 혹독한 삶의 무게로 인해,
아니면 혹독한 정도는 아니지만,
나를 지치게 하는 어떤 생활의 어려움 때문에
하늘 아버지의 은총이 내게서 멀게만 느껴지는가?

거룩하신 하나님과 세상 죄인 사이의 거리는 실로 아득하다.
'하늘과 땅, 생명과 사망, 영생과 영별, 천국과 지옥'
그리고 인생은 어느 누구도 그 간극을 전혀 좁힐 수가 없다.

그래서 하나님께서 직접 하셨다!

성자 하나님이신 생명의 구주 예수 그리스도께서
갈보리 십자가로, 그 대속의 은총, 구속의 사랑으로
인생의 힘과 의지로는 한 치도 좁힐 수 없는 그 상거를
거룩하신 하나님과 죄인 사이의 그 아득한 간격을

그 끝 간데없는 거리를 아주 가깝게 하셨다!
하늘 아버지와 죄인 사이에 십자가로 다리를 놓으시고
'나 같은 죄인'을 거룩하신 아버지 눈앞에까지 데려다 놓으셨다.

중보자이신 예수 그리스도로 말미암아
하나님 아버지는 오늘도 문 앞에 서 계신다!
아버지는 오늘도 나를 기다리고 계신다!

내가 어떤 모습일지라도
사랑의 아버지는 나를 당신의 품에 안으시려고
내가 돌아오기를 날마다 기다리고 계신다!
마침내 돌아오는 나를 발견하시면 내게로 달려오신다!

그러므로 이제 '내게로 달려오시는' 아버지에게로 '마주 달려'
아버지와의 거리를 점점 더 좁히고 그 품에 아주 안겨 버리라!

"아직도 거리가 먼데.", "이제는 거리가 가까운데!"

그 둘째 아들은 마침내 돌아와 아버지의 품에 안겼다.
이제 그는 아버지의 품속에 있다.
그는 더 이상 탕자가 아니다. 다시 아버지의 아들이다!
그러나 그의 지난날을 허물하며
여전히 그를 '탕자'라고 부르고자 한다면,
좋다! 그를 계속 탕자라고 부르기로 하자!

그러나 이제 그는 '거룩한 탕자'다!

이 글을 끝까지 읽은 그대도 돌아오기만 하면,
돌아와 하늘 아버지의 품에 안기기만 하면 '아버지의 아들'이다!

"이에 일어나서 아버지께로 돌아가니라.
아직도 거리가 먼데 아버지가 그를 보고 측은히 여겨
달려가 목을 안고 입을 맞추니."

(누가복음 15:20)

성경 인물들의
금언(金言)

한나

"여호와는 지식의 하나님이시라 행동을 달아보시느니라."

사무엘상 2:3

사무엘

"나는 너희를 위하여 기도하기를 쉬는 죄를
여호와 앞에 결단코 범하지 아니하리라."

사무엘상 12:23

요나단

"여호와의 구원은 사람이 많고 적음에 달리지 아니하였느니라."

사무엘상 14:6

사무엘

"순종이 제사보다 낫고 듣는 것이 숫양의 기름보다 나으니라."

사무엘상 15:22

다윗

"너는 칼과 창과 단창으로 내게 나아오거니와
나는 하나님의 이름으로 네게 나아가노라."

사무엘상 17:45

미가야

"여호와께서 내게 말씀하시는 것

내 하나님께서 말씀하시는 것 곧 그것을 내가 말하리라."

왕상 22:14, 대하 18:13

느헤미야

"여호와로 인하여 기뻐하는 것이 너희의 힘이니라."

느헤미야 8:10

욥

"내가 가는 길을 그가 아시나니
그가 나를 단련한 후에는 내가 순금같이 되어 나오리라."

욥기 23:10

다윗

"여호와는 나의 목자시니 내게 부족함이 없으리로다."

시편 23:1

"허물의 사함을 받고 자신의 죄가 가려진 자는 복이 있도다."

시편 32:1

솔로몬

"조용히 들리는 지혜자들의 말들이
우매한 자들을 다스리는 자의 호령보다 나으니라."

전도서 9:17

베드로

"은과 금은 내게 없거니와 내게 있는 것을 네게 주노니
나사렛 예수 그리스도의 이름으로 일어나 걸으라."

사도행전 3:6

베드로와 요한

"하나님 앞에서 너희의 말을 듣는 것이
하나님의 말씀을 듣는 것보다 옳은가 판단하라."

사도행전 4:19

베드로와 사도들

"사람보다 하나님께 순종하는 것이 마땅하니라."

사도행전 5:29

바울

"주 예수를 믿으라 그리하면 너와 네 집이 구원을 받으리라."

사도행전 16:31

"내가 달려갈 길과 주 예수께 받은 사명
곧 하나님의 은혜의 복음을 증언하는 일을 마치려 함에는
나의 생명조차 조금도 귀한 것으로 여기지 아니하노라."

사도행전 20:24

"내가 그리스도와 함께 십자가에 못 박혔나니

그런즉 이제는 내가 사는 것이 아니요,

오직 내 안에 그리스도께서 사시는 것이라.

이제 내가 육체 가운데 사는 것은

나를 사랑하사 나를 위하여 자기 자신을 버리신

하나님의 아들을 믿는 믿음 안에서 사는 것이라."

갈라디아서 2:20

예수 그리스도

"하나님이 세상을 이처럼 사랑하사,

독생자를 주셨으니 이는 그를 믿는 자마다

멸망하지 않고 영생을 얻게 하려 하심이라."

요한복음 3:16

키워드 성경 묵상

아침에 시편 · 낮에 복음 · 저녁에 잠언
밤에 전도서 · 주께서 선지자로 하신 말씀
보내심을 받은 이들의 편지 ·
전도의 문, 전도의 길

≡ 아침에 시편

복 있는 사람은

악인들의 꾀를 따르지 아니하며

죄인들의 길에 서지 아니하며

오만한 자들의 자리에 앉지 아니하고

오직 여호와의 율법을 즐거워하여

그의 율법을 주야로 묵상하는도다.

그는 시냇가에 심은 나무가

철을 따라 열매를 맺으며

그 잎사귀가 마르지 아니함 같으니

그가 하는 모든 일이 다 형통하리로다.

(1:1-3) 복 있는 사람 / 묵상 / 시냇가에 심은 나무

≡ 낮에 복음

아들을 낳으리니 이름을 예수라 하라.

이는 그가 **자기 백성을**

그들의 죄에서 구원할 자이심이라.

(마태복음 1:21) 예수 / 구원

≡ 저녁에 잠언

여호와를 경외하는 것이 지식의 근본이거늘

미련한 자는 지혜와 훈계를 멸시하느니라

(1:7) 경외 / 지식의 근본 / 지혜와 훈계 / cf. 잠언 9:10

❙ 밤에 전도서

전도자[1]가 이르되

헛되고 헛되며 헛되고 헛되니 **모든 것이 헛되도다.**

해 아래에서 수고하는 모든 수고가 사람에게 무엇이 유익한가

(1:2-3)

❙ 주께서 선지자로 하신 말씀

하늘이여 들으라 땅이여 귀를 기울이라.

여호와께서 말씀하시기를

내가 자식을 양육하였거늘 그들이 나를 거역하였도다.

소는 그 임자를 알고 나귀는 그 주인의 구유를 알건마는

이스라엘은 **알지 못하고** 나의 백성은 **깨닫지 못하는도다** 하셨도다.

(이사야 1:2-3) 나의 백성은 깨닫지 못하는도다

❙ 보내심을 받은 이들의 편지

내가 복음[2]을 부끄러워하지 아니하노니 이 복음은

모든 **믿는 자에게 구원을 주시는 하나님의 능력**이 됨이라.

모든 믿는 자에게 구원을 주시는 하나님의 능력이 됨이라.

(로마서 1:16) 믿는 자 / 구원

---

1   다윗의 아들, 예루살렘 왕(1:1), 솔로몬

2   예수 그리스도의 복음

≡ 아침에 시편

내가 여호와의 명령을 전하노라.

여호와께서 내게 이르시되

너는 내 아들이라 오늘 내가 너를 낳았도다.

내게 구하라 내가 이방 나라를 네 유업으로 주리니

네 소유가 땅끝까지 이르리로다.

네가 철장으로 그들을 깨뜨림이여

질그릇같이 부수리라 하시도다.

(2:7-9) 너는 내 아들이라 / 이방 나라 / 유업

≡ 낮에 복음

이 모든 일이 된 것은

주께서 선지자로 하신 말씀을 이루려 하심이니

이르시되 보라 **처녀가 잉태하여 아들을 낳을 것이요**

그의 이름은 임마누엘[3]이라 하리라 하셨으니

이를 번역한즉 하나님이 우리와 함께 계시다 함이라.

(마태복음 1:22-23)

≡ 저녁에 잠언

나의 책망을 듣고 돌이키라.

보라, 내가 나의 영을 너희에게 부어 주며

내 말을 너희에게 보이리라.

(1:23) 나의 책망 / 나의 영 / 내 말

---

3   하나님이 우리와 함께 계시다.

▌ 전도의 문, 전도의 길

그가[4] 고난[5] 받으신 후에

또한, 그들에게 **확실한 많은 증거**로 친히 살아 계심을 나타내사

사십 일 동안 그들에게 보이시며 **하나님 나라의 일**을 말씀하시니라.

(사도행전 1:3)

▌ 밤에 전도서

모든 만물이 **피곤하다**는 것을

사람이 말로 다 말할 수는 없나니

눈은 보아도 족함이 없고

귀는 들어도 가득 차지 아니하도다.

(1:8)

▌ 주께서 선지자로 하신 말씀

슬프다.

범죄한 나라요, 허물 진 백성이요,

행악의 종자요, 행위가 부패한 자식이로다.

그들이 **여호와를 버리며** 이스라엘의 거룩하신 이를

만홀히 여겨[6] 멀리하고 물러갔도다.

(이사야 1:4)

---

4   예수 그리스도

5   십자가 수난

6   관심이 없고 소홀하게 여기다.

≡ 아침에 시편

여호와를 **경외함으로** 섬기고 떨며 즐거워할지어다.

그의 아들에게 입 맞추라 그렇지 아니하면

진노하심으로 너희가 길에서 망하리니

그의 진노가 급하심이라.

여호와께 피하는 모든 사람은 다 복이 있도다.

(2:11-12) 그의 아들에게 입 맞추라

≡ 낮에 복음

그때 **세례 요한**이 이르러

유대 광야에서 전파하여 말하되

회개하라 천국이 가까이 왔느니라 하였으니

그는 **선지자 이사야**를 통하여 말씀하신 자라 일렀으되

광야에 외치는 자의 소리가 있어 이르되

너희는 주의 길을 준비하라

그가 오실 길을 곧게 하라 하였느니라.

(마태복음 3:1-3) 회개하라 천국이 가까이 왔느니라 / 외치는 자의 소리

≡ 저녁에 잠언

어리석은 자의 퇴보는 자기를 죽이며

미련한 자의 안일은 자기를 멸망시키려니와

오직 내 말을 듣는 자는 **평안히 살며**

재앙의 두려움이 없이 **안전하리라.**

(1:32-33) 어리석은 자의 퇴보 / 미련한 자의 안일 / 내 말을 듣는 자

▌ 보내심을 받은 이들의 편지

복음에는 하나님의 의가 나타나서

믿음으로 믿음에 이르게 하나니 기록된 바

오직 의인은 믿음으로 말미암아 살리라 함과 같으니라.

(로마서 1:17) 복음 / 하나님의 의 / 의인 / 믿음 / 하박국 2:4

▌ 전도의 문, 전도의 길

사도와 함께 모이사 그들에게 분부하여 이르시되

예루살렘을 떠나지 말고 내게서 들은 바

아버지께서 약속하신 것을 기다리라.

요한은 물로 세례를 베풀었으나

너희는 몇 날이 못 되어 **성령으로 세례를 받으리라.**

하셨느니라.

(사도행전 1:4-5) 세례 / 성령

▌ 밤에 전도서

이미 있던 것이 후에 다시 있겠고

이미 한 일을 후에 다시 할지라.

해 아래에는 새것이 없나니.

(1:9)

≡ 아침에 시편

구원은 여호와께 있사오니

주의 복을 주의 백성에게 내리소서.

(3:8) 구원 / 주의 복 / 주의 백성

≡ 낮에 복음

요한이 많은 바리새인과 사두개인이

세례 베푸는 데로 오는 것을 보고 이르되

독사의 자식들아, 누가 너희를 가르쳐 임박한 진노를 피하라 하더냐.

그러므로 회개에 합당한 열매를 맺고

속으로 아브라함이 우리 조상이라고 생각하지 말라.

내가 너희에게 이르노니

하나님이 능히 이 돌들로도 아브라함의 자손이 되게 하시리라.

이미 도끼가 나무뿌리에 놓였으니

좋은 열매를 맺지 아니하는 나무마다 찍혀 불에 던져지리라.

(마태복음 3:7-10) 임박한 진노 / 회개에 합당한 열매 / 좋은 열매

≡ 저녁에 잠언

대저[7] 대체로 보아, 무릇

여호와는 지혜를 주시며

지식과 명철을 그 입에서 내심이며

그는 **정직한 자를 위하여** 완전한 지혜를 예비하시며

행실이 온전한 자에게 방패가 되시나니

---

7 대체로 보아, 무릇

대저 그는 정의의 길을 보호하시며

그의 성도들의 길을 보전하려 하심이니라.

(2:6-8) 완전한 지혜 / 정의의 길 / 성도들의 길

▎ 주께서 선지자로 하신 말씀

너희 소돔의 관원들아, **여호와의 말씀을 들을지어다.**

너희 고모라의 백성아, 우리 **하나님의 법에 귀를 기울일지어다.**

(이사야 1:10) 하나님의 심판으로 멸망한

소돔과 고모라 같은 유다와 예루살렘

▎ 보내심을 받은 이들의 편지

하나님의 진노가 **불의로 진리를 막는 사람들의**

모든 경건하지 않음과 불의에 대하여 하늘로부터 나타나나니

이는 하나님을 알 만한 것이 그들 속에 보임이라.

하나님께서 이를 그들에게 보이셨느니라.

(로마서 1:18-19) 하나님의 진노 / 하나님을 알 만한 것

▎ 전도의 문, 전도의 길

오직 **성령이 너희에게 임하시면** 너희가 권능을 받고

예루살렘과 온 유대와 사마리아와 **땅끝까지** 이르러

내 증인이 되리라.

(사도행전 1:8) 성령 / 권능 / 증인

≡ 아침에 시편

내 의의 하나님이여, 내가 부를 때에 응답하소서.
곤란 중에 나를 너그럽게 하셨사오니
내게 은혜를 베푸사 **나의 기도를 들으소서.**

(4:1) 응답 / 은혜

≡ 낮에 복음

나는 너희로 회개하게 하기 위하여 물로 세례를 베풀거니와
내 뒤에 오시는 이는 나보다 능력이 많으시니
나는 그의 신을 들기도 감당하지 못하겠노라.
그는 성령과 불로 너희에게 세례를 베푸실 것이요
손에 키를 들고 자기의 타작마당을 정하게 하사
알곡은 모아 곳간에 들이고
쭉정이는 꺼지지 않는 불에 태우시리라.

(마태복음 3:11-12) 회개 / 세례 / 성령과 불 / 알곡 / 꺼지지 않는 불

≡ 저녁에 잠언

지혜가 너를 선한 자의 길로 행하게 하며
또 의인의 길을 지키게 하리니
대저 정직한 자는 땅에 거하며 완전한 자는 땅에 남아 있으리라.
그러나 악인은 땅에서 끊어지겠고 간사한 자는 땅에서 뽑히리라.

(2:20-22) 지혜 / 선한 자의 길 / 의인의 길 / 정직한 자 / 완전한 자

▌ 밤에 전도서

내가 해 아래에서 행하는 모든 일을 보았노라.

보라 모두 다 헛되어 바람을 잡으려는 것이로다.

(1:14)

▌ 주께서 선지자로 하신 말씀

헛된 제물을 다시 가져오지 말라.

분향은 내가 가증히 여기는[8] 바요

월삭과 안식일과 대회로 모이는 것도 그러하니

성회와 아울러 악을 행하는 것을 내가 견디지 못하겠노라.

(이사야 1:13) 헛된 제물

▌ 보내심을 받은 이들의 편지

창세로부터 그의 보이지 아니하는 것들

곧 그의 영원하신 능력과 신성이

그가 만드신 만물에 분명히 보여 알려졌나니.

그러므로 그들이 핑계하지 못할지니라.

(로마서 1:20) 영원하신 능력과 신성 / 핑계하지 못할지니라

---

8 괘씸하게 여기다.

☰ 아침에 시편

여호와께서 **자기를 위하여**

경건한 자를 **택하신 줄** 너희가 알지어다.

내가 그를 부를 때에 여호와께서 들으시리로다.

너희는 떨며[9] 분을 내어

범죄하지 말지어다.

자리에 누워 심중에 말하고 잠잠할지어다.

(4:3-4) 경건한 자 / 내가 그를 부를 때

☰ 낮에 복음

예수께서 세례를 받으시고 곧 물에서 올라오실새

하늘이 열리고 하나님의 성령이 비둘기같이 내려

자기 위에 임하심을 보시더니,

하늘로부터 소리가 있어 말씀하시되

이는 내 사랑하는 아들이요, 내 기뻐하는 자라 하시니라.

(마태복음 3:16-17) 하나님의 성령 / 내 사랑하는 아들 / 내 기뻐하는 자

☰ 저녁에 잠언

내 아들아 나의 법을 **잊어버리지 말고**

네 **마음으로** 나의 명령을 지키라.

그리하면 그것이 네가 장수하여 많은 해를 누리게 하며

평강을 더하게 하리라.

(3:1-2) 나의 법 / 나의 명령 / 장수 / 평강

---

9 분을 내어

▌ 전도의 문, 전도의 길

갈릴리 사람들아, 어찌하여 서서 하늘을 쳐다보느냐.

너희 가운데서 하늘로 올려지신 이 예수는

하늘로 가심을 본 그대로 오시리라.

(사도행전 1:11)

▌ 밤에 전도서

지혜가 많으면 번뇌도 많으니

지식을 더하는 자는 근심을 더하느니라.

(1:18)

▌ 주께서 선지자로 하신 말씀

너희가 손을 펼 때 내가 내 눈을 너희에게서 가리고

너희가 많이 기도할지라도 내가 듣지 아니하리니

이는 **너희의 손에 피가 가득함이라.**

(이사야 1:15) 많이 기도할지라도

▌ 보내심을 받은 이들의 편지

그들이 **마음에 하나님 두기를 싫어하매**

하나님께서 그들을 그 **상실한 마음대로 내버려 두사**

합당하지 못한 일을 하게 하셨으니……

(로마서 1:28) 상실한 마음 / 합당하지 못한 일

≡ 아침에 시편

의의 제사를 드리고 **여호와를 의지할지어다.**

여러 사람의 말이 우리에게 선을 보일 자 누구뇨.

하오니 여호와여 주의 얼굴을 들어 우리에게 비추소서.

(4:5-6) 의의 제사 / 주의 얼굴 / cf. 히브리서 13:16

≡ 낮에 복음

시험하는 자가 예수께 나아와서 이르되

네가 **만일** 하나님의 아들이어든

명하여 이 돌들로 떡 덩이가 되게 하라.

예수께서 대답하여 이르시되 기록되었으되

사람이 떡으로만 살 것이 아니요

하나님의 입으로부터 나오는 모든 말씀으로

살 것이라 하였느니라.

(마태복음 4:3-4) 시험 / 하나님의 아들 / 말씀으로 살 것이라 / 신명기 8:3

≡ 저녁에 잠언

인자와 진리가 네게서 떠나지 말게 하고

그것을 네 목에 매며 **네 마음판에 새기라.**

그리하면 네가 **하나님과 사람 앞에서**

은총과 귀중히 여김을 받으리라.

(3:3-4) 인자와 진리 / 은총과 귀중히 여김

▌ 전도의 문, 전도의 길

[예수의 제자들이]

여자들과 예수의 어머니 마리아와 예수의 아우들과

더불어 마음을 같이하여 오로지 기도에 힘쓰더라.

(사도행전 1:14) 합심 기도 / 오직 기도

▌ 밤에 전도서

내가 웃음에 관하여 말하여 이르기를

그것은 미친 것이라 하였고

희락에 대하여 이르기를 **이것이 무슨 소용이 있는가 하였노라.**

(2:2) 웃음에 관하여 / 희락에 대하여

▌ 주께서 선지자로 하신 말씀

너희는 스스로 씻으며 스스로 깨끗하게 하여

내 목전에서 너희 악한 행실을 버리며 행악을 그치고

선행을 배우며 정의를 구하며 학대받는 자를 도와주며

고아를 위하여 신원하며[10] 과부를 위하여 변호하라.

(이사야 1:16-17)

---

10 원통한 일을 풀어 주다.

≡ 아침에 시편

주께서 내 마음에 두신 기쁨은

그들의 곡식과 새 포도주가 풍성할 때보다 더하니이다.

내가 평안히 눕고 자기도 하리니

나를 안전히 살게 하시는 이는 오직 여호와이시니이다.

(4:7-8) 주께서 내 마음에 두신 기쁨 / 나를 안전히 살게 하시는 이

≡ 낮에 복음

이에 마귀가 예수를

거룩한 성으로 데려다가 성전 꼭대기에 세우고 이르되

네가 만일 하나님의 아들이어든 뛰어내리라.

기록되었으되

그가 너를 위하여 그의 사자들을 명하시리니

그들이 손으로 너를 받들어 발이 돌에 부딪치지 않게 하리로다.

하였느니라.

예수께서 이르시되 또 기록되었으되

주 너의 하나님을 시험하지 말라 하였느니라.

(마태복음 4:5-7) 하나님을 시험하지 말라 / 신명기 6:16

≡ 저녁에 잠언

너는 **마음을 다하여** 여호와를 신뢰하고

네 명철을 의지하지 말라.

너는 범사에 그를 인정하라 그리하면 네 길을 지도하시리라.

(3:5-6) 여호와를 신뢰하고 / 범사에 그를 인정하라

▌ 보내심을 받은 이들의 편지

남을 판단하는 사람아,

누구를 막론하고 네가 핑계하지 못할 것은

남을 판단하는 것으로 네가 너를 정죄함이니

판단하는 네가 같은 일을 행함이니라.

(로마서 2:1)

▌ 전도의 문, 전도의 길

홀연히 하늘로부터 급하고 강한 바람 같은 소리가 있어

그들이 앉은 온 집에 가득하며

마치 불의 혀처럼 갈라지는 것들이 그들에게 보여 각 사람 위에

하나씩 임하여 있더니 그들이 다 성령의 충만함을 받고

성령이 말하게 하심을 따라 다른 언어들로 말하기를 시작하니라.

(사도행전 2:2-4) 성령 강림 / 성령 충만

▌ 밤에 전도서

내가 보니 지혜가 우매보다 뛰어남이

빛이 어둠보다 뛰어남 같도다.

(2:13)

▌ 주께서 선지자로 하신 말씀

여호와께서 말씀하시되 **오라** 우리가 서로 변론하자

너희의 죄가 **주홍 같을지라도** 눈과 같이 희어질 것이요

진홍같이 붉을지라도 양털같이 희게 되리라.

(이사야 1:18) "피와 같이 붉은 죄 눈같이 희겠네(찬송가 263장)"

≡ 아침에 시편

여호와여 나의 말에 귀를 기울이사

나의 심정을 헤아려 주소서.

나의 왕 나의 하나님이여 내가 부르짖는 소리를 들으소서.

내가 주께 기도하나이다.

(5:1-2) 나의 심정을 헤아려 주소서 / 내가 주께 기도하나이다

≡ 낮에 복음

마귀가 또 그를 데리고 지극히 높은 산으로 가서

천하만국과 그 영광을 보여 이르되

만일 내게 엎드려 경배하면 이 모든 것을 네게 주리라.

이에 예수께서 말씀하시되

사탄아, 물러가라.

기록되었으되

주 너의 하나님께 경배하고 다만 그를 섬기라 하였느니라.

(마태복음 4:8-10) 사탄아 물러가라 / 신명기 6:13

≡ 저녁에 잠언

스스로 지혜롭게 여기지 말지어다.

여호와를 경외하며 악을 떠날지어다.

이것이 네 몸에 양약이 되어 네 골수를 윤택하게 하리라.

(3:7-8) 경외 / 양약

▌ 보내심을 받은 이들의 편지

네가 **하나님의 인자하심이** 너를 **인도하여 회개하게 하심**을
알지 못하여 그의 인자하심과 용납하심과 길이 참으심이
풍성함을 멸시하느냐. 다만 네 고집과 **회개하지 아니한 마음**을
따라 진노의 날 곧 하나님의 의로우신 심판이 나타나는
그날에 임할 진노를 네게 쌓는도다.

(로마서 2:4-5) 진노의 날 / 하나님의 의로우신 심판이 나타나는 그날

▌ 전도의 문, 전도의 길

그때 **내가 내 영**을 내 남종과 여종들에게 **부어 주리니**
그들이 예언할 것이요, 또 내가 위로 하늘에서는 **기사**를
아래로 땅에서는 **징조**를 베풀리니 곧 피와 불과 연기로다.
주의 크고 영화로운 날이 이르기 전에
해가 변하여 어두워지고 달이 변하여 피가 되리라.
누구든지 주의 이름을 부르는 자는 구원을 받으리라.

(사도행전 2:18-21) 주의 크고 영화로운 날 / 요엘 2:28-32

▌ 밤에 전도서

어떤 사람은 그 지혜와 지식과 재주를 다하여 수고하였어도
그가 얻은 것을 수고하지 아니한 자에게 그의 몫으로
넘겨주리니 이것도 헛된 것이며 큰 악이로다.

(2:21)

☰ 아침에 시편

여호와여 아침에 주께서 나의 소리를 들으시리니
아침에 내가 주께 기도하고 바라리이다.

(5:3) 아침에 기도 / cf. 아침에 시편

☰ 낮에 복음

예수께서 요한이 잡혔음을 들으시고
갈릴리로 물러가셨다가 나사렛을 떠나
스불론과 납달리 지경 해변에 있는 가버나움에 가서 사시니
이는 선지자 이사야를 통하여 하신 말씀을 이루려 하심이라.
일렀으되 스불론 땅과 납달리 땅과 요단강 저편 해변 길과
이방의 갈릴리여, 흑암에 앉은 백성이 큰 빛을 보았고
사망의 땅과 그늘에 앉은 자들에게 빛이 비치었도다.
하였느니라.
이때부터 예수께서 비로소 전파하여 이르시되
회개하라, 천국이 가까이 왔느니라.
하시더라.

(마태복음 4:12-17) 말씀을 이루려 하심이라 / 전파
회개 / 천국 / 이사야 9:1-2

☰ 저녁에 잠언

네 재물과 네 소산물의 **처음 익은 열매로**
여호와를 공경하라 그리하면 네 창고가 가득히 차고
네 포도즙 틀에 새 포도즙이 넘치리라.

(3:9-10) 여호와를 공경하라 / 가득히 차고 / 넘치리라 / cf. 고린도후서 9:8

▌주께서 선지자로 하신 말씀

너희가 즐겨 순종하면 **땅의 아름다운 소산**을 먹을 것이요

너희가 거절하여 배반하면 칼에 삼켜지리라.

여호와의 입의 말씀이니라.

(이사야 1:19-20) 순종 / 거절 / 배반

▌보내심을 받은 이들의 편지

하나님께서 각 사람에게 **그 행한 대로** 보응하시되

참고 선을 행하여 영광과 존귀와 썩지 아니함을

구하는 자에게는 영생으로 하시고 오직 당을 지어

진리를 따르지 아니하고 불의를 따르는 자에게는

진노와 분노로 하시리라.

(로마서 2:6-8) 보응 / 영생 / 진노와 분노

▌전도의 문, 전도의 길

그[11]가 **하나님께서 정하신 뜻과 미리 아신 대로** 내준 바 되었거늘

너희가 법 없는 자들의 손을 빌려 못 박아 죽였으나

하나님께서 그를 사망의 고통에서 풀어 살리셨으니

이는 그가 사망에 매여 있을 수 없었음이라.

(사도행전 2:23-24)

---

11   나사렛 예수

≡ 아침에 시편

주는 죄악을 기뻐하는 신이 아니시니

악이 주와 함께 머물지 못하며

오만한 자들이 주의 목전에 서지 못하리이다.

주는 모든 행악자를 미워하시며

거짓말하는 자들을 멸망시키시리이다.

여호와께서는 피 흘리기를 즐기는 자와

속이는 자를 싫어하시나이다.

(5:4-6)

≡ 낮에 복음

갈릴리 해변에 다니시다가

두 형제 곧 베드로라 하는 시몬과

그의 형제 안드레가 바다에 그물 던지는 것을 보시니

그들은 어부라 말씀하시되 나를 따라오라.

내가 너희를 사람을 낚는 어부가 되게 하리라

하시니 그들이 곧 그물을 **버려두고 예수를 따르니라.**

(마태복음 4:18-20) 나를 따라오라 / 사람을 낚는 어부 / cf. 마가복음 1:17

≡ 저녁에 잠언

내 아들아 여호와의 징계를 경히 여기지 말라.

그 꾸지람을 싫어하지 말라.

대저 여호와께서 그 사랑하시는 자를 징계하시기를

마치 아비가 그 기뻐하는 아들을 징계함같이 하시느니라.

(3:11-12) 여호와의 징계 / 사랑하시는 자 / 기뻐하는 아들

▌ 밤에 전도서

사람이 해 아래에서 행하는 모든 수고와 **마음에 애쓰는 것**이

무슨 소득이 있으랴.

일평생에 근심하며 수고하는 것이 슬픔뿐이라

그의 마음이 밤에도 쉬지 못하나니

이것도 헛되도다.

(2:22-23)

▌ 주께서 선지자로 하신 말씀

시온은 정의로 구속함을 받고

그 **돌아온 자**들은 공의로 구속함을 받으리라.

그러나 패역한 자와 죄인은 함께 패망하고

여호와를 버린 자도 멸망할 것이라.

(이사야 1:27-28) 구속 / 정의 / 공의

▌ 보내심을 받은 이들의 편지

악을 행하는 각 사람의 영에는 **환난과 곤고**가 있으리니

먼저는 유대인에게요 그리고 헬라인에게며

선을 행하는 각 사람에게는 **영광과 존귀와 평강**이 있으리니

먼저는 유대인에게요 그리고 헬라인에게라.

(로마서 2:9-10)

≡ 아침에 시편

오직 나는 **주의 풍성한 사랑을 힘입어** 주의 집에 들어가
주를 경외함으로 성전을 향하여 예배하리이다.

(5:7) 주의 풍성한 사랑 / 주의 집 / 경외 / 예배 / cf. 요나 2:4

≡ 낮에 복음

예수께서 온 갈릴리에 두루 다니사
그들의 회당에서 가르치시며 **천국 복음**을 전파하시며
백성 중의 **모든 병과 모든 약한 것**을 고치시니
그의 소문이 온 수리아에 퍼진지라.
사람들이 모든 앓는 자 곧 각종 병에 걸려서 고통당하는 자
귀신 들린 자 간질하는 자 중풍 병자들을 데려오니
그들을 고치시더라.

(마태복음 4:23-24) 가르치시며 / 전파하시며 / 고치시더라

≡ 저녁에 잠언

지혜를 얻은 자와 명철을 얻은 자는 복이 있나니
이는 지혜를 얻는 것이 은을 얻는 것보다 낫고
그 이익이 정금보다 나음이니라.

(3:13-14)

▌ 전도의 문, 전도의 길

예수를 하나님이 살리신지라 우리가 다 이 일에 증인이로다.
하나님이 오른손으로 예수를 높이시매 그가 약속하신 성령을
아버지께 받아서 너희가 보고 듣는 이것을 부어 주셨느니라.

(사도행전 2:32-33) 증인 / 약속하신 성령

▌ 밤에 전도서

사람이 먹고 마시며 수고하는 것보다
그의 마음을 더 기쁘게 하는 것은 없나니
내가 이것도 본즉 **하나님의 손에서 나오는 것**이로다.

(2:24)

▌ 주께서 선지자로 하신 말씀

말일에 여호와의 전의 산[12]이 모든 산꼭대기에 굳게 설 것이요
모든 작은 산 위에 뛰어나리니 **만방이 그리로 모여들 것이라.**

(이사야 2:2) 말일

---

12 시온

≣ 아침에 시편

주께 피하는 모든 사람은 다 기뻐하며

주의 보호로 말미암아 영원히 기뻐 외치고

주의 이름을 사랑하는 자들은 주를 즐거워하리이다.

여호와여 주는 의인에게 복을 주시고

방패로 함같이 은혜로 그를 호위하시리이다.

(5:11-12) 주의 보호 / 주의 이름을 사랑하는 자들

≣ 낮에 복음

심령이 가난한 자는 복이 있나니 **천국**이 그들의 것임이요

애통하는 자는 복이 있나니 그들이 **위로**를 받을 것임이요

온유한 자는 복이 있나니 그들이 땅을 기업으로 받을 것임이요

의에 주리고 목마른 자는 복이 있나니 그들이 **배부를 것**임이요……

(마태복음 5:3-6)

≣ 저녁에 잠언

지혜는 진주보다 귀하니

네가 사모하는 모든 것으로도 이에 비교할 수 없도다.

그의 오른손에는 장수가 있고 그의 왼손에는 부귀가 있나니

그 길은 즐거운 길이요 그의 지름길은 다 평강이니라.

(3:15-17) 비교할 수 없도다 / 장수 / 부귀 / 즐거운 길 / 평강

▎ 보내심을 받은 이들의 편지

무릇 표면적 유대인이 유대인이 아니요

표면적 육신의 할례가 할례가 아니니라.

오직 이면적 유대인이 유대인이며 **할례는 마음에 할지니**

영에 있고 율법 조문에 있지 아니한 것이라.

그 칭찬이 사람에게서가 아니요, 다만 하나님에게서니라.

(로마서 2:28-29) 표면적 유대인 / 이면적 유대인

▎ 전도의 문, 전도의 길

이스라엘 온 집은 **확실히 알지니**

너희가 십자가에 못 박은 이 예수를

하나님이 **주와 그리스도**가 되게 하셨느니라.

그들이 이 말을 듣고 **마음에 찔려**

베드로와 다른 사도들에게 물어 이르되

형제들아 **우리가 어찌할꼬.**

(사도행전 2:36-37)

▎ 밤에 전도서

하나님은 그가 기뻐하시는 자에게는

지혜와 지식과 희락을 주시나 **죄인에게는 노고를 주시고**

그가 모아 쌓게 하사 하나님을 기뻐하는 자에게

그가 주게 하시지만 이것도 헛되어 바람을 잡는 것이로다.

(2:26) 하나님이 기뻐하시는 자 / 하나님을 기뻐하는 자

☰ 아침에 시편

여호와여 내가 수척하였사오니[13] 내게 은혜를 베푸소서.

여호와여 나의 뼈가 떨리오니 **나를 고치소서.**

(6:2)

☰ 낮에 복음

긍휼히 여기는 자는 복이 있나니

그들이 **긍휼히 여김을 받을 것**임이요

마음이 청결한 자는 복이 있나니

그들이 **하나님을 볼 것**임이요

화평하게 하는 자는 복이 있나니

그들이 **하나님의 아들**이라 일컬음을 받을 것임이요

의를 위하여 박해를 받은 자는 복이 있나니

천국이 그들의 것임이라.

(마태복음 5:7-10)

☰ 저녁에 잠언

지혜는 그 얻은 자에게 생명나무라.

지혜를 가진 자는 복되도다.

(3:18) 생명나무

cf. 생명수 요한계시록 22:17, 생명책 요한계시록 3:5

---

13   몸이 마르고 파리하다.

▌ 주께서 선지자로 하신 말씀

많은 백성이 가며 이르기를 오라 우리가

여호와의 산에 오르며 야곱의 하나님의 전에 이르자

그가 그의 길을 우리에게 가르치실 것이라.

우리가 그 길로 행하리라 하리니

이는 율법이 시온에서부터 나올 것이요

여호와의 말씀이 예루살렘에서부터 나올 것임이니라.

(이사야 2:3) 여호와의 산 / 하나님의 전 / 율법 / 여호와의 말씀

▌ 보내심을 받은 이들의 편지

어떤 자들이 믿지 아니하였으면 어찌하리요

그 믿지 아니함이 하나님의 미쁘심을 폐하겠느냐.

그럴 수 없느니라.

사람은 다 거짓되되 **오직 하나님은 참되시다 할지어다.**

(로마서 3:3-4) 하나님의 미쁘심 / 하나님의 참되심

▌ 전도의 문, 전도의 길

회개하여 각각 **예수 그리스도의 이름으로** 세례를 받고

죄 사함을 받으라 그리하면 성령의 선물을 받으리니

이 약속은 너희와 너희 자녀와 모든 먼 데 사람

곧 주 우리 **하나님이 얼마든지 부르시는 자들에게** 하신 것이라.

(사도행전 2:38-39) 회개 / 세례 / 죄 사함 / 성령의 선물 / 약속

≡ 아침에 시편

악을 행하는 너희는 다 나를 떠나라.
여호와께서 **내 울음소리를 들으셨도다.**
여호와께서 내 간구를 들으셨음이여
여호와께서 내 기도를 받으시리로다.
(6:8-9)

≡ 낮에 복음

나로 말미암아 너희를 욕하고 박해하고
거짓으로 너희를 거슬러 모든 악한 말을 할 때는
너희에게 복이 있나니 기뻐하고 즐거워하라.
하늘에서 너희의 상이 큼이라.
너희 전에 있던 선지자들도 이같이 박해하였느니라.
(마태복음 5:11-12) 박해 / 기뻐하고 즐거워하라 / cf. 디모데후서 1:8

≡ 저녁에 잠언

내 아들아 완전한 지혜와 근신을 지키고
이것들이 네 눈앞에서 떠나지 말게 하라.
그리하면 그것이 네 영혼의 생명이 되며
네 목에 장식이 되리니
네가 네 길을 평안히 행하겠고
네 발이 거치지 아니하겠으며
네가 누울 때 두려워하지 아니하겠고
네가 누운즉 네 잠이 달리로다.
(3:21-24) 완전한 지혜와 근신 / 영혼의 생명

▌밤에 전도서

범사에 기한이 있고

천하만사가 다 때가 있나니

날 때가 있고 죽을 때가 있으며

심을 때가 있고 심은 것을 뽑을 때가 있으며

죽일 때가 있고 치료할 때가 있으며

헐 때가 있고 세울 때가 있으며

울 때가 있고 웃을 때가 있으며

슬퍼할 때가 있고 춤출 때가 있으며……

(3:1-4)

▌주께서 선지자로 하신 말씀

그가 열방 사이에 **판단**하시며 많은 백성을 판결하시리니

무리가 그들의 칼을 쳐서 보습[14]을 만들고

그들의 창을 쳐서 낫을 만들 것이며

이 나라와 저 나라가 다시는 칼을 들고 서로 치지 아니하며

다시는 전쟁을 연습하지 아니하리라.

(이사야 2:4)

---

14 땅을 갈아 흙덩이를 일으키는 데에 쓰는 삽 모양의 쇳조각

☰ 아침에 시편

악인의 악을 끊고 의인을 세우소서.

의로우신 하나님이 사람의 **마음과 양심**을 감찰하시나이다.

나의 방패는 마음이 정직한 자를 구원하시는 하나님께 있도다.

(7:9-10) 의로우신 하나님 / 감찰 / 마음이 정직한 자

☰ 낮에 복음

너희는 세상의 소금이니

소금이 만일 **그 맛을 잃으면** 무엇으로 짜게 하리요

후에는 아무 쓸데없어 다만 밖에 버려져 사람에게 밟힐 뿐이니라.

(마태복음 5:13) 세상의 소금

☰ 저녁에 잠언

네 손이 **선을 베풀 힘**이 있거든

마땅히 받을 자에게 베풀기를 아끼지 말며

네게 있거든 이웃에게 이르기를

갔다가 다시 오라 내일 주겠노라 하지 말며

네 이웃이 네 곁에서 평안히 살거든

그를 해하려고 꾀하지 말며

사람이 네게 악을 행하지 아니하였거든

까닭 없이 더불어 다투지 말며

포학한 자를 부러워하지 말며 그의 어떤 행위도 따르지 말라.

(3:27-31)

▌ 보내심을 받은 이들의 편지

우리 불의가 하나님의 의를 드러나게 하면 무슨 말 하리요

내가 사람의 말하는 대로 말하노니

진노를 내리시는 하나님이 불의하시냐 **결코 그렇지 아니하니라.**

만일 그러하면 하나님께서 어찌 세상을 심판하시리요……

(로마서 3:5-6)

▌ 밤에 전도서

범사에 기한이 있고

천하만사가 다 때가 있나니

찾을 때가 있고 잃을 때가 있으며

지킬 때가 있고 버릴 때가 있으며

찢을 때가 있고 꿰맬 때가 있으며

잠잠할 때가 있고 말할 때가 있으며

사랑할 때가 있고 미워할 때가 있으며

전쟁할 때가 있고 평화할 때가 있느니라.

(3:1, 6-8)

▌ 주께서 선지자로 하신 말씀

야곱 족속아, 오라. 우리가 **여호와의 빛에 행하자.**

(이사야 2:5)

≣ 아침에 시편

하나님은 의로우신 재판장이심이여

매일 분노하시는 하나님이시로다.

사람이 **회개하지 아니하면** 그가 그의 칼을 가심이여

그의 활을 이미 당기어 예비하셨도다.

(7:11-12) 의로우신 재판장 / 매일 분노하시는 하나님 / 회개

≣ 낮에 복음

너희는 세상의 빛이라

산 위에 있는 동네가 숨겨지지 못할 것이요

사람이 등불을 켜서 말 아래에 두지 아니하고

등경 위에 두나니

이러므로 집안 모든 사람에게 비치느니라.

이같이 너희 빛이 사람 앞에 비치게 하여

그들로 너희 착한 행실을 보고

하늘에 계신 너희 아버지께 영광을 돌리게 하라.

(마태복음 5:14-16) 세상의 빛 / 착한 행실 / cf. 빌립보서 1:6

≣ 저녁에 잠언

대저 패역한[15] 자는 여호와께서 미워하시나

정직한 자에게는 그의 교통하심이 있으며

악인의 집에는 여호와의 저주가 있거니와

의인의 집에는 복이 있느니라.

(3:32-33)

---

15   도리에 어긋나고 순리를 거스르다.

▌ 보내심을 받은 이들의 편지

율법의 행위로 그의 앞에 의롭다 하심을 얻을 육체가 없나니
율법으로는 죄를 깨달음이니라.

(로마서 3:20) 행위 / 율법의 기능

▌ 전도의 문, 전도의 길

여러 말로 확증하며 권하여 이르되
너희가 이 패역한 세대에서 구원을 받으라 하니
그 말을 받은 사람들은 세례를 받으매
이날에 신도의 수가 삼천이나 더하더라.

(사도행전 2:40-41)

▌ 밤에 전도서

하나님이 모든 것을 지으시되 **때를 따라 아름답게** 하셨고,
또 사람들에게는 영원을 사모하는 마음을 주셨느니라.
그러나 하나님이 하시는 일의 시종을
사람으로 측량할 수 없게 하셨도다.

(3:11) 영원을 사모하는 마음 / 하나님이 하시는 일의 시종

▌ 주께서 선지자로 하신 말씀

그날에 눈이 높은 자가 낮아지며 교만한 자가 굴복되고
여호와께서 홀로 높임을 받으시리라.

(이사야 2:11)

≡ 아침에 시편

악인이 죄악을 낳음이여 재앙을 배어 거짓을 낳았도다.

그가 웅덩이를 파 만듦이여 제가 만든 함정에 빠졌도다.

그의 재앙은 자기 머리로 돌아가고

그의 포악은 자기 정수리에 내리리로다.

(7:14-16)

≡ 낮에 복음

내가 율법이나 선지자를 폐하러 온 줄로 생각하지 말라.

폐하러 온 것이 아니요 완전하게 하려 함이라.

진실로 너희에게 이르노니 천지가 없어지기 전에는

율법의 일점일획도 결코 없어지지 아니하고 다 이루리라.

(마태복음 5:17-18)

≡ 저녁에 잠언

진실로 그는 거만한 자를 비웃으시며

겸손한 자에게 은혜를 베푸시나니

지혜로운 자는 영광을 기업으로 받거니와

미련한 자의 영달함[16]은 수치가 되느니라.

(3:34-35) 겸손

---

16 높은 지위에 오르고 귀하게 되다.

▌ 보내심을 받은 이들의 편지

이제는 율법 외에 하나님의 한 의가 나타났으니
율법과 선지자들에게 증거를 받은 것이라.
곧 예수 그리스도를 믿음으로 말미암아
모든 믿는 자에게 미치는 하나님의 의니 **차별이 없느니라.**

(로마서 3:21-22) 예수 그리스도를 믿음으로 말미암아 모든 믿는 자에게 미치는
하나님의 의

▌ 전도의 문, 전도의 길

그들이 사도의 가르침을 받아
서로 교제하고 떡을 떼며[17] **오로지 기도하기를 힘쓰니라.**

(사도행전 2:42) 사도의 가르침 / 교제

▌ 밤에 전도서

사람들이 사는 동안에 기뻐하며 선을 행하는 것보다
더 나은 것이 없는 줄을 내가 알았고
사람마다 먹고 마시는 것과 수고함으로 낙을 누리는
그것이 하나님의 선물인 줄도 또한 알았도다.

(3:12-13) 하나님의 선물

---

17 성찬을 나누며

≡ 아침에 시편

여호와 우리 주여,

주의 이름이 온 땅에 **어찌 그리 아름다운지요.**

주의 영광이 하늘을 덮었나이다.

(8:1) 주의 이름 / 주의 영광

≡ 낮에 복음

옛사람에게 말한 바 살인하지 말라.

누구든지 살인하면 심판을 받게 되리라 하였다는 것을

너희가 들었으나 나는 너희에게 이르노니

형제에게 노하는 자마다 심판을 받게 되고

형제를 대하여 라가[18]라 하는 자는 공회에 잡혀가게 되고

미련한 놈이라 하는 자는 지옥 불에 들어가게 되리라.

그러므로 예물을 제단에 드리려다가 거기서

네 형제에게 원망들을 만한 일이 있는 것이 생각나거든

예물을 제단 앞에 두고

먼저 가서 형제와 화목하고 그 후에 와서 예물을 드리라.

(마태복음 5:21-24) 화목

≡ 저녁에 잠언

지혜를 버리지 말라. 그가 너를 보호하리라.

그를 사랑하라. 그가 너를 지키리라.

지혜가 제일이니 지혜를 얻으라.

---

18 텅 빈, 멍청한

네가 얻은 모든 것을 가지고 명철을 얻을지니라.

그를 높이라 그리하면 그가 너를 높이 들리라.

만일 그를 품으면 그가 너를 영화롭게 하리라.

(4:6-8)

▌ 주께서 선지자로 하신 말씀

너희는 인생을 의지하지 말라.

그의 호흡은 코에 있나니 셈할 가치가 어디 있느냐.

(이사야 2:22)

▌ 보내심을 받은 이들의 편지

모든 사람이 죄를 범하였으매 하나님의 영광에 이르지 못하더니

그리스도 예수 안에 있는 속량으로 말미암아

하나님의 은혜로 값없이 의롭다 하심을 얻은 자 되었느니라.

(로마서 3:23-24) 그리스도 예수 안에 있는 속량 / 하나님의 은혜로 / 값없이

▌ 전도의 문, 전도의 길

날마다 마음을 같이하여 성전에 **모이기를 힘쓰고**

집에서 떡을 떼며 기쁨과 순전한 마음으로 음식을 먹고

하나님을 **찬미**하며 또 온 백성에게 칭송을 받으니

주께서 구원받는 사람을 날마다 더하게 하시니라.

(사도행전 2:46-47) 마음을 같이하여 / 기쁨과 순전한 마음으로

☰ 아침에 시편

내가 전심으로 여호와께 감사하오며
주의 모든 기이한 일들을 전하리이다.

(9:1) / cf. 시편 118:17

☰ 낮에 복음

너를 고발하는 자와 함께 길에 있을 때 급히 사화하라[19].
그 고발하는 자가 너를 재판관에게 내어 주고
재판관이 옥리에게 내어 주어 옥에 가둘까 염려하라.
진실로 네게 이르노니
네가 한 푼이라도 남김이 없이 다 갚기 전에는
결코 거기서 나오지 못하리라.

(마태복음 5:25-26)

☰ 저녁에 잠언

내 아들아, 들으라. 내 말을 받으라.
그리하면 네 생명의 해가 길리라.
내가 지혜로운 길을 네게 가르쳤으며
정직한 길로 너를 인도하였은즉
다닐 때 네 걸음이 곤고하지 아니하겠고
달려갈 때 실족하지 아니하리라.

(4:10-12) 지혜로운 길 / 정직한 길

---

19 법으로 처리할 송사를 개인적으로 사이좋게 풀어 버리다.

▌ 밤에 전도서

하나님께서 행하시는 모든 것은 영원히 있을 것이라.

그 위에 더할 수도 없고 그것에서 덜할 수도 없나니

하나님이 이같이 행하심은 사람들이 그의 앞에서

경외하게 하려 하심인 줄을 내가 알았도다.

(3:14)

▌ 주께서 선지자로 하신 말씀

너희는 **의인에게 복이 있으리라 말하라.**

그들은 그들의 행위의 열매를 먹을 것임이요

악인에게는 화가 있으리니 이는 **그의 손으로 행한 대로**

그가 보응을 받을 것임이니라.

(이사야 3:10-11) 행위의 열매 / 보응

▌ 보내심을 받은 이들의 편지

예수를 하나님이 그의 피로써

믿음으로 말미암는 화목제물로 세우셨으니

이는 하나님께서 길이 참으시는 중에

전에 지은 죄를 **간과**하심으로 자기의 의로우심을

나타내려 하심이니 곧 이때 자기의 의로우심을 나타내사

자기도 의로우시며 또한 예수 믿는 자를 의롭다 하려 하심이라.

(로마서 3:25-26) 예수의 피 / 믿음으로 말미암는 화목제물

☰ 아침에 시편

여호와께서 영원히 앉으심이여
심판을 위하여 보좌를 준비하셨도다.
공의로 **세계**를 심판하심이여
정직으로 **만민**에게 판결을 내리시리로다.

(9:7-8) 심판 / 공의로 / 정직으로

☰ 낮에 복음

간음하지 말라 하였다는 것을
너희가 들었으나 나는 너희에게 이르노니
음욕을 품고 여자를 보는 자마다
마음에 이미 간음하였느니라.
만일 네 오른 눈이 너로 실족하게 하거든 빼어 내버리라.
네 백체 중 하나가 없어지고
온몸이 지옥에 던져지지 않는 것이 유익하며
또한 만일 네 오른손이 너로 실족하게 하거든 찍어 내버리라.
네 백체 중 하나가 없어지고
온몸이 지옥에 던져지지 않는 것이 유익하니라.

(마태복음 5:27-30)

☰ 저녁에 잠언

훈계를 굳게 잡아 놓치지 말고 지키라.
이것이 네 생명이니라.

(4:13)

▌ 전도의 문, 전도의 길

베드로가 이르되 은과 금은 내게 없거니와

내게 있는 이것을 네게 주노니

나사렛 예수 그리스도의 이름으로 일어나 걸으라.

(사도행전 3:6) 예수 그리스도의 이름으로

▌ 밤에 전도서

내가 해 아래에서 보건대

재판하는 곳 거기에도 악이 있고

정의를 행하는 곳 거기에도 악이 있도다.

(3:16)

▌ 주께서 선지자로 하신 말씀

어찌하여 너희가 내 백성을 짓밟으며

가난한 자의 얼굴에 맷돌질하느냐.[20]

주 만군의 여호와 내가 말하였느니라.

(이사야 3:15)

---

20 심히 착취하느냐.

▤ 아침에 시편

여호와는 압제를 당하는 자의 요새이시오

환난[21] 때의 요새이시로다.

여호와여 주의 이름을 아는 자는 주를 의지하오리니

이는 주를 찾는 자들을 버리지 아니하심이니이다.

(9:9-10) 요새 / 주의 이름을 아는 자 / 주를 찾는 자들

▤ 낮에 복음

오직 너희 말은 옳다 옳다 아니라 아니라 하라.

이에서 지나는 것은 악으로부터[22] 나느니라.

(마태복음 5:37)

▤ 저녁에 잠언

사악한 자의 길에 들어가지 말며

악인의 길로 다니지 말지어다.

그의 길을 피하고 지나가지 말며 돌이켜 떠나갈지어다.

(4:14-15) cf. 시편 1:1 / 잠언 1:10-19

---

21 환난(患難)의 발음은 [환난] cf. 환란(換亂)의 발음은 [활란]

22 악한 자로부터

▎ 보내심을 받은 이들의 편지

자랑할 데가 어디냐 있을 수가 없느니라.

무슨 법으로냐 행위로냐 아니라 오직 믿음의 법으로니라.

그러므로 **사람이 의롭다 하심을 얻는 것은**

율법의 행위에 있지 않고 **믿음으로** 되는 줄 우리가 인정하노라.

(로마서 3:27-28) 믿음의 법 / 율법의 행위

▎ 전도의 문, 전도의 길

모든 백성이 그 걷는 것과 하나님을 찬송함을 보고

그가 본래 성전 미문에 앉아 구걸하던 사람인 줄 알고

그에게 일어난 일로 인하여 심히 놀랍게 여기며 놀라니라.

(사도행전 3:9-10)

사도 베드로가 예수 그리스도의 이름으로

못 걷게 된 이를 고치다

▎ 밤에 전도서

인생들의 혼은 위로 올라가고

짐승의 혼은 아래 곧 땅으로 내려가는 줄을 누가 알랴.

(3:21)

≡ 아침에 시편

피 흘림을 심문하시는 이가 그들을 기억하심이여
가난한 자의 부르짖음을 잊지 아니하시도다.

(9:12)

≡ 낮에 복음

눈은 눈으로 이는 이로 갚으라 하였다는 것을
너희가 들었으나
나는 너희에게 이르노니
악한 자를 대적하지 말라.
누구든지 네 오른편 뺨을 치거든 왼편도 돌려 대며
또 너를 고발하여 속옷을 가지고자 하는 자에게
겉옷까지도 가지게 하며
또 누구든지 너를 억지로 오 리를 가게 하거든
그 사람과 십 리를 동행하고
네게 구하는 자에게 주며
네게 꾸고자 하는 자에게 거절하지 말라.

(마태복음 5:38-42)

≡ 저녁에 잠언

의인의 길은 돋는 햇살 같아서
크게 빛나 한낮의 광명에 이르거니와
악인의 길은 어둠 같아서 그가 걸려 넘어져도
그것이 무엇인지 깨닫지 못하느니라.

(4:18-19) 의인의 길 / 악인의 길

▌ 주께서 선지자로 하신 말씀

그날에 여호와의 싹이 아름답고 영화로울 것이요

그 땅의 소산은 이스라엘의 피난한 자를 위하여

영화롭고 아름다울 것이며 시온에 남아 있는 자

예루살렘에 머물러 있는 자 곧 예루살렘 안에 생존한 자 중

기록된 모든 사람은 거룩하다 칭함을 얻으리니

이는 주께서 심판하는 영과 소멸하는 영으로

시온의 딸들의 **더러움을 씻기시며** 예루살렘의 피를

그중에서 **청결하게 하실 때가 됨이라.**

(이사야 4:2-4) 여호와의 싹 / 심판하는 영 / 소멸하는 영

▌ 보내심을 받은 이들의 편지

하나님은 다만 유대인의 하나님이시냐.

또한, 이방인의 하나님은 아니시냐.

진실로 이방인의 하나님도 되시느니라.

(로마서 3:29) 유대인의 하나님 / 이방인의 하나님

☰ 아침에 시편

악인은 그의 교만한 얼굴로 말하기를
여호와께서 이를 감찰하지 아니하신다 하며,
그의 모든 사상에 하나님이 없다 하나이다.
(10:4)

☰ 낮에 복음

네 이웃을 사랑하고 네 원수를 미워하라 하였다는 것을
너희가 들었으나 나는 너희에게 이르노니
너희 원수를 사랑하며 너희를 박해하는 자를 위하여 기도하라.
이같이 한즉 하늘에 계신 너희 아버지의 아들이 되리니
이는 하나님이 그 해를 악인과 선인에게 비추시며
비를 의로운 자와 불의한 자에게 내려 주심이라.
(마태복음 5:43-45) 원수를 사랑하며 / 박해하는 자를 위하여 기도하라

☰ 저녁에 잠언

내 아들아 내 말에 주의하며
내가 말하는 것에 **네 귀를 기울이라.**
그것을 네 눈에서 떠나게 하지 말며
네 마음속에 지키라.
그것은 얻는 자에게 생명이 되며
그의 온 육체의 건강이 됨이니라.
(4:20-22) 생명 / 온 육체의 건강

▎전도의 문, 전도의 길

나은 사람이 베드로와 요한을 붙잡으니

모든 백성이 크게 놀라며 달려 나아가

솔로몬의 행각이라 불리는 행각에 모이거늘

베드로가 이것을 보고 백성에게 말하되

이스라엘 사람들아, 이 일을 왜 놀랍게 여기느냐.

우리 개인의 권능과 경건으로 이 사람을 걷게 한 것처럼

왜 우리를 주목하느냐.

아브라함과 이삭과 야곱의 하나님

곧 우리 조상의 하나님이 **그의 종 예수**를 영화롭게 하셨느니라.

너희가 그를 넘겨주고 빌라도가 놓아주기로 결의한 것을

너희가 그 앞에서 거부하였으니 너희가 거룩하고 의로운 이를

거부하고 도리어 살인한 사람을 놓아주기를 구하여

생명의 주를 죽였도다.

그러나 하나님이 죽은 자 가운데서 그를 살리셨으니

우리가 이 일에 증인이라 그 이름을 믿으므로

그 이름이 너희가 보고 아는 이 사람을 성하게 하였나니

예수로 말미암아 난 믿음이

너희 모든 사람 앞에서 이같이 완전히 낫게 하였느니라.

(사도행전 3:11-16) 그 이름 / 예수로 말미암아 난 믿음

≡ 아침에 시편

여호와여, 일어나옵소서.

하나님이여, 손을 드옵소서.

가난한 자들을 잊지 마옵소서.

(10:12)

≡ 낮에 복음

너희가 너희를 사랑하는 자를 사랑하면

무슨 상이 있으리요 세리도 이같이 아니하느냐.

또 너희가 너희 형제에게만 문안하면

남보다 더 하는 것이 무엇이냐.

이방인들도 이같이 아니하느냐.

그러므로

하늘에 계신 너희 아버지의 온전하심과 같이

너희도 온전하라.[23]

(마태복음 5:46-48) cf. 로마서 12:2 / 디모데후서 3:16-17

≡ 저녁에 잠언

모든 지킬 만한 것 중에 더욱 네 마음을 지키라.

생명의 근원[24]이 이에서 남이니라.

(4:23) 마음을 지키라

---

23 ① 하나님의 온전한 말씀에 순종하며, 온전하신 성령을 의지하라.

   ② 하나님의 온전하신 뜻을 따르라.

24 삶의 문제들 KJV 역(譯)

▌ 밤에 전도서

나는 사람이 자기 일에 즐거워하는 것보다
더 나은 것이 없음을 보았나니
이는 그것이 그의 몫이기 때문이라.
아, 그의 뒤에 일어날 일이 무엇인지를 보게 하려고
그를 도로 데리고 올 자가 누구이랴.

(3:22)

▌ 주께서 선지자로 하신 말씀

나는 내가 사랑하는 자를 위하여 노래하되
내가 사랑하는 자의 포도원을 노래하리라.
내가 사랑하는 자에게 포도원이 있음이여 심히 기름진 산에로다
땅을 파서 돌을 제하고 극상품 포도나무를 심었도다.
그 중에 망대를 세웠고 또 그 안에 술틀을 팠도다.
좋은 포도 맺기를 바랐더니 들포도를 맺었도다.

(이사야 5:1-2) 포도원 / 극상품 포도나무 / 좋은 포도 / 들포도

▌ 보내심을 받은 이들의 편지

할례자도 **믿음으로 말미암아**
또한 무할례자도 **믿음으로 말미암아**
의롭다 하실 하나님은 한 분이시니라.

(로마서 3:30)

≡ 아침에 시편

주께서는 보셨나이다.

주는 재앙과 원한을 감찰하시고

주의 손으로 갚으려 하시오니

외로운 자가 주를 의지하나이다.

주는 벌써부터 고아를 도우시는 이시니이다.

(10:14) 주께서는 보셨나이다.

≡ 낮에 복음

사람에게 보이려고

그들 앞에서 너희 의를 행하지 않도록 주의하라.

그리하지 아니하면

하늘에 계신 너희 아버지께 상을 받지 못하느니라.

(마태복음 6:1)

≡ 저녁에 잠언

구부러진 말을 네 입에서 버리며

비뚤어진 말을 네 입술에서 멀리하라.

네 눈은 바로 보며 네 눈꺼풀은 네 앞을 곧게 살펴

네 발이 행할 길을 평탄하게 하며 네 모든 길을 든든히 하라.

좌로나 우로나 치우치지 말고 네 발을 악에서 떠나게 하라.

(4:24-27)

▌ 전도의 문, 전도의 길

하나님이 모든 **선지자의 입을 통하여**

자기의 그리스도께서 고난받으실 일을

미리 알게 하신 것을 이와 같이 이루셨느니라.

그러므로 너희가 **회개하고 돌이켜** 너희 **죄 없이 함을 받으라.**

이같이 하면 새롭게 되는 날이 주 앞으로부터 이를 것이요.

(사도행전 3:18-19) 이와 같이 이루셨느니라 / 새롭게 되는 날

▌ 밤에 전도서

내가 다시 해 아래에서 행하는 모든 학대를 살펴보았도다.

보라, 학대받는 자들의 눈물이로다.

그들에게 위로자가 없도다.

그들을 학대하는 자들의 손에는 권세가 있으나

그들에게는 위로자가 없도다.

(4:1)

▌ 주께서 선지자로 하신 말씀

무릇 만군의 여호와의 포도원은 **이스라엘 족속이요**

그가 기뻐하시는 나무는 **유다 사람**이라.

그들에게 정의를 바라셨더니 **도리어 포학**이요

그들에게 공의를 바라셨더니 **도리어 부르짖음**이었도다.

(이사야 5:7)

≡ 아침에 시편

여호와께서는 그의 성전에 계시고
여호와의 보좌는 하늘에 있음이여.
그의 눈이 인생을 통촉[25]하시고
그의 안목이 그들을 감찰하시도다.

(11:4)

≡ 낮에 복음

너는 구제할 때에 오른손이 하는 것을
왼손이 모르게 하여 네 구제[26]함을 **은밀하게 하라.**
은밀한 중에 보시는 너의 아버지께서 갚으시리라.

(마태복음 6:3-4)

≡ 저녁에 잠언

네 샘으로 복되게 하라.[27]
네가 젊어서 취한 아내를 즐거워하라.
그는 사랑스러운 암사슴 같고
아름다운 암노루 같으니
너는 그의 품을 항상 족하게 여기며.
그의 사랑을 항상 연모하라.

(5:18-19)

---

25 깊이 헤아려 살피다.

26 재해를 입거나 어려운 처지에 있는 사람을 도와줌

27 [의역] 네 아내를 행복하게 하라.

▮ 보내심을 받은 이들의 편지

성경이 무엇을 말하느냐 **아브라함이 하나님을 믿으매**

그것이 그에게 의로 여겨진 바 되었느니라.

(로마서 4:3) 성경이 무엇을 말하느냐 / 아브라함 / 믿음과 의

▮ 전도의 문, 전도의 길

예수는 너희 건축자들의 버린 돌로써

집 모퉁이의 머릿돌이 되었느니라.

다른 이로써는 구원을 받을 수 없나니 천하 사람 중에

구원을 받을 만한 다른 이름을 우리에게 주신 일이 없음이라.

(사도행전 4:11-12) 구원의 이름 예수

▮ 밤에 전도서

내가 또 본즉 사람이 모든 수고와 모든 재주로 말미암아

이웃에게 시기를 받으니 이것도 헛되어 바람을 잡는 것이로다.

(4:4)

▮ 주께서 선지자로 하신 말씀

아침에 일찍이 일어나 독주를 마시며

밤이 깊도록 포도주에 취하는 자들은 화 있을진저……

(이사야 5:11)

☰ 아침에 시편

여호와는 의인을 감찰하시고
악인과 폭력을 좋아하는 자를 마음에 미워하시도다.
악인에게 그물을 던지시리니
불과 유황과 태우는 바람이 그들의 잔의 소득이 되리로다.
(11:5-6)

☰ 낮에 복음

너는 기도할 때에 네 골방에 들어가 문을 닫고
은밀한 중에 계신 네 아버지께 기도하라.
은밀한 중에 보시는 네 아버지께서 갚으시리라.
또, 기도할 때에 이방인과 같이 중언부언하지 말라.
그들은 말을 많이 하여야 들으실 줄 생각하느니라.
그러므로 그들을 본받지 말라.
구하기 전에 너희에게 있어야 할 것을
하나님 너희 아버지께서 아시느니라.
(마태복음 6:6-8)

☰ 저녁에 잠언

대저 사람의 길은 여호와의 눈앞에 있나니
그가 그 사람의 모든 길을 평탄하게 하시느니라.
(5:21)

▌ 보내심을 받은 이들의 편지

일하는 자에게는

그 삯이 은혜로 여겨지지 아니하고 보수로 여겨지거니와

일을 아니할지라도 경건하지 아니한 자를 의롭다 하시는 이를

믿는 자에게는 **그의 믿음을 의로 여기시나니**

일한 것이 없이 하나님께 의로 여기심을 받는 사람의

복에 대하여 다윗이 말한 바 불법이 사함을 받고

죄가 가리어짐을 받는 사람들은 복이 있고

주께서 그 죄를 인정하지 아니하실 사람은

복이 있도다 함과 같으니라.

(로마서 4:4-8) / 시편 32:1-2

▌ 전도의 문, 전도의 길

베드로와 요한이 대답하여 이르되

하나님 앞에서 너희의 말을 듣는 것이

하나님의 말씀을 듣는 것보다 옳은가 판단하라.

(사도행전 4:19)

▌ 밤에 전도서

우매자는 팔짱을 끼고 있으면서 자기의 몸만 축내는도다.

(4:5)

≡ 아침에 시편

여호와는 의로우사 의로운 일을 좋아하시나니
정직한 자는 그의 얼굴을 뵈오리로다.

(11:7) / cf. 마태복음 5:8

≡ 낮에 복음

너희는 이렇게 기도하라.
하늘에 계신 우리 아버지여,
이름이 거룩히 여김을 받으시오며
나라가 임하시오며
뜻이 하늘에서 이루어진 것같이 땅에서도 이루어지이다.
오늘 우리에게 일용할 양식을 주시옵고
우리가 우리에게 죄 지은 자를 사하여 준 것같이
우리 죄를 사하여 주시옵고
우리를 시험에 들게 하지 마시옵고
다만 악에서 구하시옵소서.
나라와 권세와 영광이 아버지께 영원히 있사옵나이다, 아멘.

(마태복음 6:9-13) 이렇게 기도하라

≡ 저녁에 잠언

게으른 자여, 네가 어느 때까지 누워 있겠느냐.
네가 어느 때에 잠이 깨어 일어나겠느냐.
좀 더 자자, 좀 더 졸자, 손을 모으고 좀 더 누워 있자 하면
네 빈궁이 강도같이 오며 네 곤핍이 군사같이 이르리라.

(6:9-11)

▮ 주께서 선지자로 하신 말씀

거짓으로 끈을 삼아 죄악을 끌며
수레 줄로 함같이 죄악을 끄는 자는 화 있을진저……

(이사야 5:18)

▮ 보내심을 받은 이들의 편지

아브라함이나 그 후손에게
세상의 상속자가 되리라고 하신 언약은
율법으로 말미암은 것이 아니요
오직 믿음의 의로 말미암은 것이니라.
만일 율법에 속한 자들이 상속자이면
믿음은 헛것이 되고 약속은 파기되었느니라.

(로마서 4:13-14) 언약 / 믿음의 의

▮ 전도의 문, 전도의 길

주여, 이제도 그들의 위협함을 굽어보시옵고
또 종들로 하여금 **담대히**
하나님의 말씀을 전하게 하여 주시오며
손을 내밀어 병을 낫게 하시옵고
표적과 기사가 거룩한 종 예수의 이름으로
이루어지게 하옵소서.

(사도행전 4:29-30) 표적과 기사 / 거룩한 종 예수의 이름으로

≡ 아침에 시편

여호와의 말씀에 가련한 자들의 눌림과

궁핍한 자들의 탄식으로 말미암아

내가 이제 일어나

그를 그가 원하는 안전한 지대에 두리라.

하시도다.

(12:5) 안전한 지대

≡ 낮에 복음

너희가 사람의 잘못을 **용서하면**

너희 하늘 아버지께서도 너희 잘못을 **용서하시려니와**

너희가 사람의 잘못을 **용서하지 아니하면**

너희 아버지께서도 너희 잘못을 **용서하지 아니하시리라.**

(마태복음 6:14-15) cf. 마가복음 11:25

≡ 저녁에 잠언

여호와께서 미워하시는 것

곧 그의 마음에 싫어하시는 것이 예닐곱 가지이니

곧 교만한 눈과 거짓된 혀와 무죄한 자의 피를 흘리는 손과

악한 계교를 꾀하는 마음과 빨리 악으로 달려가는 발과

거짓을 말하는 망령된 증인과

및 형제 사이를 이간하는 자이니라.

(6:16-19) 여호와께서 미워하시는 것

▌ 밤에 전도서

두 손에 가득하고 수고하며 바람을 잡는 것보다
한 손에만 가득하고 평온함이 더 나으니라.

(4:6)

▌ 주께서 선지자로 하신 말씀

악을 선하다 하며 선을 악하다 하며
흑암으로 광명을 삼으며 광명으로 흑암을 삼으며
쓴 것으로 단 것을 삼으며 단 것으로 쓴 것을 삼는
자들은 화 있을진저……

(이사야 5:20)

▌ 보내심을 받은 이들의 편지

율법은 진노를 이루게 하나니
율법이 없는 곳에는 범법도 없느니라.
그러므로 **상속자가 되는 그것이**
은혜에 속하기 위하여 믿음으로 되나니
이는 그 약속을 그 모든 후손에게 굳게 하려 하심이라.
율법에 속한 자에게뿐만 아니라
아브라함의 믿음에 속한 자에게도 그러하니
아브라함은 우리 모든 사람의 조상이라.

(로마서 4:15-16) 상속자 / 아브라함의 믿음에 속한 자

≣ 아침에 시편

여호와 내 하나님이여,

나를 생각하사 응답하시고 나의 눈을 밝히소서.

두렵건대 내가 사망의 잠을 잘까 하오며

두렵건대 나의 원수가 이르기를

내가 그를 이겼다 할까 하오며

내가 흔들릴 때 나의 대적들이 기뻐할까 하나이다.

(13:3-4) 나를 생각하사, 응답하시고 나의 눈을 밝히소서

≣ 낮에 복음

너희를 위하여 보물을 땅에 쌓아 두지 말라.

거기는 좀과 동록이 해하며

도둑이 구멍을 뚫고 도둑질하느니라.

오직 너희를 위하여 보물을 하늘에 쌓아 두라.

거기는 좀이나 동록이 해하지 못하며

도둑이 구멍을 뚫지도 못하고 도둑질도 못 하느니라.

네 보물 있는 그곳에는 네 마음도 있느니라.

(마태복음 6:19-21) 보물을 하늘에 쌓아 두라

≣ 저녁에 잠언

대저 명령은 등불이요, 법은 빛이요,

훈계의 책망은 곧 생명의 길이라.

(6:23) 생명의 길 / cf. 시편 119:105

▌ 전도의 문, 전도의 길

빌기를 다하매 모인 곳이 진동하더니

무리가 다 성령이 충만하여 담대히 하나님의 말씀을 전하니라.

(사도행전 4:31)

▌ 밤에 전도서

내가 또다시 해 아래에서 헛된 것을 보았도다.

어떤 사람은 아들도 없고 형제도 없이 홀로 있으나

그의 모든 수고에는 끝이 없도다.

또 비록 그의 눈은 부요를 족하게 여기지 아니하면서

이르기를 내가 누구를 위하여는 이같이 수고하고

나를 위하여는 행복을 누리지 못하게 하는가 하여도

이것도 헛되어 **불행한 노고로다.**

(4:7-8)

▌ 주께서 선지자로 하신 말씀

스스로 지혜롭다 하며 스스로 명철하다 하는 자들은

화 있을진저……

(이사야 5:21)

▌ 보내심을 받은 이들의 편지

아브라함이 **바랄 수 없는 중에 바라고 믿었으니**

이는 네 후손이 이 같으리라 하신 **말씀대로**

많은 민족의 조상이 되게 하려 하심이라.

(로마서 4:18) 많은 민족의 조상

≡ 아침에 시편

나는 오직 주의 사랑을 의지하였사오니

나의 마음은 주의 구원을 기뻐하리이다.

내가 여호와를 찬송하리니

이는 주께서 내게 은덕을 베푸심이로다.

(13:5-6) 주의 사랑 / 주의 구원

▌ 낮에 복음

눈은 몸의 등불이니 그러므로

네 눈이 성하면 온몸이 밝을 것이요

눈이 나쁘면 온 몸이 어두울 것이니

그러므로 네게 있는 빛이 어두우면

그 어둠이 얼마나 더하겠느냐[28].

(마태복음 6:22-23)

▌ 저녁에 잠언

사람이 불을 품에 품고서야

어찌 그의 옷이 타지 아니하겠으며

사람이 숯불을 밟고서야

어찌 그의 발이 데지 아니하겠느냐.

남의 아내와 통간하는 자도 이와 같을 것이라.

그를 만지는 자마다 벌을 면하지 못하리라.

(6:27-29)

---

28 ① KJV 역(譯): 네 안에 있는 빛이 어두움이 되면 그 어두움이 얼마나 크겠느냐?

　　② 의역: 네 안에 있는 빛이 아주 사라져 버린다면 네 마음이 얼마나 어둡겠느냐?

▌ 전도의 문, 전도의 길

사도들이 큰 권능으로 주 예수의 부활을 증언하니

무리가 큰 은혜를 받아 그중에 가난한 사람이 없으니

이는 밭과 집 있는 자는 팔아 그 판 것의 값을 가져다

사도들의 발 앞에 두매

그들이 각 사람의 필요를 따라 나누어 줌이라.

(사도행전 4:33-35) 예수의 부활 / 증언 / 은혜

▌ 밤에 전도서

두 사람이 한 사람보다 나음은

그들이 수고함으로 좋은 상을 얻을 것임이라.

혹시 그들이 넘어지면 하나가 그 동무를 붙들어 일으키려니와

홀로 있어 넘어지고 붙들어 일으킬 자가 없는 자에게는

화가 있으리라.

(4:9-10)

▌ 주께서 선지자로 하신 말씀

주께서 이르시되

내가 누구를 보내며 누가 우리를 위하여 갈꼬.

하시니

그때 내가 이르되

내가 여기 있나이다.

나를 보내소서.

(이사야 6:8) 하나님께서 이사야를 선지자로 부르시다

▎ 아침에 시편

어리석은 자는 그의 마음에 이르기를

하나님이 없다 하는도다.

그들은 부패하고 그 행실이 가증하니

선을 행하는 자가 없도다.

여호와께서 하늘에서 인생을 굽어살피사

지각이 있어 하나님을 찾는 자가 있는가 보려 하신즉

다 치우쳐 함께 더러운 자가 되고

선을 행하는 자가 없으니 하나도 없도다.

(14:1-3) 지각이 있어 하나님을 찾는 자 / cf. 로마서 3:10-12

≡ 낮에 복음

한 사람이 두 주인을 섬기지 못할 것이니

혹 이를 미워하고 저를 사랑하거나

혹 이를 중히 여기고 저를 경히 여김이라.

너희가 **하나님과 재물**을 겸하여 섬기지 못하느니라.

(마태복음 6:24) 두 주인

≡ 저녁에 잠언

내 아들아 내 말을 지키며 내 계명을 간직하라.

내 계명을 지켜 살며 내 법을 네 눈동자처럼 지키라.

이것을 네 손가락에 매며 이것을 네 마음판에 새기라.

(7:1-3)

▌ 보내심을 받은 이들의 편지

그가 백 세나 되어 자기 몸이 죽은 것 같고

사라의 태가 죽은 것 같음을 알고도

믿음이 약하여지지 아니하고

믿음이 없어 하나님의 약속을 의심하지 않고

믿음으로 견고하여져서 하나님께 영광을 돌리며

약속하신 그것을 또한 능히 이루실 줄을 **확신하였으니**

그러므로 그것이 그에게 의로 여겨졌느니라.

(로마서 4:19-22) 믿음 / 하나님의 약속 / 확신 / 믿음으로 말미암은 의

▌ 전도의 문, 전도의 길

믿고 주께로 나아오는 자가 더 많으니 남녀의 큰 무리더라.

(사도행전 5:14)

▌ 밤에 전도서

두 사람이 함께 누우면 따뜻하거니와

한 사람이면 어찌 따뜻하랴.

한 사람이면 패하겠거니와 두 사람이면 맞설 수 있나니

세 겹 줄은 쉽게 끊어지지 아니하느니라.

(4:11-12)

≡ 아침에 시편

죄악을 행하는 자는 다 무지하냐.

그들이 떡 먹듯이 내 백성을 먹으면서

여호와를 부르지 아니하는도다.

그러나 거기서 그들은 두려워하고 두려워하였으니

하나님이 의인의 세대에 계심이로다.

(14:4-5) 의인의 세대

≡ 낮에 복음

내가 너희에게 이르노니

목숨을 위하여 무엇을 먹을까, 무엇을 마실까,

몸을 위하여 무엇을 입을까 염려하지 말라.

목숨이 음식보다 중하지 아니하며

몸이 의복보다 중하지 아니하냐.

공중의 새를 보라.

심지도 않고 거두지도 않고

창고에 모아들이지도 아니하되

너희 하늘 아버지께서 기르시나니

너희는 이것들보다 귀하지 아니하냐.

너희 중에 누가 염려함으로

그 키를 한 자라도 더할 수 있겠느냐.

(마태복음 6:25-27) 염려하지 말라 / 공중의 새를 보라

≡ 저녁에 잠언

여호와를 경외하는 것은 악을 미워하는 것이라.

나는 교만과 거만과 악한 행실과 패역한 입을 미워하느니라.

(8:13)

▌ 주께서 선지자로 하신 말씀

주께서 친히 징조를 너희에게 주실 것이라.

보라, 처녀가 잉태하여 아들을 낳을 것이요

그의 이름을 임마누엘[29]이라 하리라.

(이사야 7:14)

▌ 보내심을 받은 이들의 편지

예수는 **우리가 범죄한 것 때문에** 내줌이 되고

또한, **우리를 의롭다 하시기 위하여** 살아나셨느니라.

그러므로 **우리가 믿음으로 의롭다 하심을 받았으니**

우리 주 예수 그리스도로 말미암아 하나님과 화평을 누리자.

(로마서 4:25-5:1) 하나님과 화평을 누리자

---

29 하나님이 우리와 함께 계시다.

≡ 아침에 시편

너희가 가난한 자의 계획을 부끄럽게 하나
오직 여호와는 그의 피난처가 되시도다.

(14:6)

≡ 낮에 복음

염려하여 이르기를 무엇을 먹을까,
무엇을 마실까, 무엇을 입을까 하지 말라.
이는 다 이방인들이 구하는 것이라.
너희 하늘 아버지께서 이 모든 것이
너희에게 있어야 할 줄을 아시느니라.
그런즉 너희는 먼저 그의 나라와 그의 의를 구하라.
그리하면 이 모든 것을 너희에게 더하시리라.
그러므로 내일 일을 위하여 염려하지 말라.
내일 일은 내일이 염려할 것이요
한 날의 괴로움은 그날로 족하니라.

(마태복음 6:31-34) 먼저 그의 나라와 그의 의를 구하라

≡ 저녁에 잠언

나를 사랑하는 자들이 나의 사랑을 입으며
나를 간절히 찾는 자가 나를 만날 것이니라.
부귀가 내게 있고 장구한 재물과 공의도 그러하니라.

(8:17-18)

▌ 전도의 문, 전도의 길

심지어 병든 사람을 메고 거리에 나가 침대와 요 위에 누이고
베드로가 지날 때 혹 그의 그림자라도 누구에게 덮일까.
바라고 예루살렘 부근의 수많은 사람도 모여
병든 사람과 더러운 귀신에게 괴로움 받는 사람을 데리고 와서
다 나음을 얻으니라.

(사도행전 5:15-16)

▌ 밤에 전도서

너는 하나님의 집에 들어갈 때 네 발을 삼갈지어다.
가까이하여 말씀을 듣는 것이
우매한 자들이 제물 드리는 것보다 나으니
그들은 악을 행하면서도 깨닫지 못함이니라.

(5:1)

▌ 주께서 선지자로 하신 말씀

만군의 여호와 그를 너희가 거룩하다 하고
그를 너희가 두려워하며 무서워할 자로 삼으라.

(이사야 8:13)

≡ 아침에 시편

이스라엘의 구원이 시온에서 나오기를 원하도다.

여호와께서 그의 백성을 포로 된 곳에서 돌이키실 때

야곱이 즐거워하고 이스라엘이 기뻐하리로다.

(14:7)

≡ 낮에 복음

비판을 받지 아니하려거든 비판하지 말라.

너희가 비판하는 그 비판으로

너희가 비판을 받을 것이요

너희가 헤아리는 그 헤아림으로

너희가 헤아림을 받을 것이니라.

(마태복음 7:1-2) 비판하지 말라 / 그 비판으로 / 그 헤아림으로

≡ 저녁에 잠언

아들들아, 이제 내게 들으라.

내 도를 지키는 자가 복이 있느니라.

훈계를 들어서 지혜를 얻으라 그것을 버리지 말라.

(8:32-33)

▌ 보내심을 받은 이들의 편지

우리가 환난 중에도 즐거워하나니 이는 환난은 인내를

인내는 연단을 연단은 소망을 이루는 줄 앎이로다.

소망이 우리를 부끄럽게 하지 아니함은

우리에게 주신 **성령으로 말미암아**

하나님의 사랑이 우리 마음에 부은 바 됨이니

우리가 아직 연약할 때에 기약대로

그리스도께서 경건하지 않은 자를 위하여 죽으셨도다.

(로마서 5:3-6) 환난 / 인내 / 연단 / 소망

▌ 전도의 문, 전도의 길

베드로와 사도들이 대답하여 이르되

사람보다 하나님께 순종하는 것이 마땅하니라.

(사도행전 5:29)

▌ 밤에 전도서

너는 하나님 앞에서 함부로 입을 열지 말며

급한 마음으로 말을 내지 말라.

하나님은 하늘에 계시고 너는 땅에 있음이니라.

그런즉 **마땅히 말을 적게 할 것이라.**

(5:2)

☰ 아침에 시편

여호와여 주의 장막에 머무를 자 누구오며

주의 성산에 사는 자 누구오니이까.

정직하게 행하며 공의를 실천하며

그의 마음에 진실을 말하며

그의 혀로 남을 허물하지 아니하고

그의 이웃에게 악을 행하지 아니하며

그의 이웃을 비방하지 아니하며

그의 눈은 망령된 자를 멸시하며

여호와를 두려워하는 자들을 존대하며

그의 마음에 서원한 것은 해로울지라도 변하지 아니하며

이자를 받으려고 돈을 꾸어 주지 아니하며

뇌물을 받고 무죄한 자를 해하지 아니하는 자이니

이런 일을 행하는 자는 영원히 흔들리지 아니하리이다.

(15:1-5)

☰ 낮에 복음

거룩한 것[30]을 개에게 주지 말며

너희 진주[31]를 돼지 앞에 던지지 말라.

그들이 그것을 발로 밟고 돌이켜

너희를 찢어 상하게 할까 염려하라.

(마태복음 7:6)

---

30 거룩한 교훈
31 귀한 것, 가치 있는 것

≡ 저녁에 잠언

거만한 자를 징계하는 자는 도리어 능욕을 받고

악인을 책망하는 자는 도리어 흠이 잡히느니라.

거만한 자를 책망하지 말라. 그가 너를 미워할까 두려우니라.

지혜 있는 자를 책망하라. 그가 너를 사랑하리라.

(9:7-8)

▌주께서 선지자로 하신 말씀

흑암에 행하던 백성이 큰 빛을 보고

사망의 그늘진 땅에 거주하던 자에게 빛이 비치도다.

(이사야 9:2)

▌보내심을 받은 이들의 편지

우리가 아직 죄인 되었을 때

그리스도께서 우리를 위하여 죽으심으로

하나님께서 우리에 대한 자기의 사랑을 확증하셨느니라.

(로마서 5:8) 하나님의 사랑의 확증, 예수의 십자가

≡ 아침에 시편

하나님이여 나를 지켜 주소서 내가 주께 피하나이다.

내가 여호와께 아뢰되 주는 나의 주님이시오니

주밖에는 나의 복이 없다 하였나이다.

(16:1-2) 나를 지켜 주소서 / 주밖에는 나의 복이 없다

≡ 낮에 복음

구하라 그리하면 너희에게 주실 것이요

찾으라 그리하면 찾아낼 것이요

문을 두드리라 그리하면 너희에게 열릴 것이니

구하는 이마다 받을 것이요 찾는 이는 찾아낼 것이요

두드리는 이에게는 열릴 것이니라.

(마태복음 7:7-8) 구하라 / 찾으라 / 문을 두드리라

≡ 저녁에 잠언

지혜 있는 자에게 교훈을 더하라.

그가 더욱 지혜로워질 것이요

의로운 사람을 가르치라 그의 학식이 더하리라.

(9:9)

▌ 전도의 문, 전도의 길

너희가 나무에 달아 죽인 예수를

우리 조상의 하나님이 살리시고

이스라엘에게 회개함과 죄 사함을 주시려고

그를 오른손으로 높이사 임금과 구주로 삼으셨느니라.

우리는 이 일에 증인이요

하나님이 자기에게 순종하는 사람들에게 주신 성령도

그러하니라.

(사도행전 5:30-32) 회개함과 죄 사함 / 임금과 구주 / 증인들 / 성령

▌ 밤에 전도서

걱정이 많으면 꿈이 생기고

말이 많으면 우매한 자의 소리가 나타나느니라.

(5:3)

≡ 아침에 시편

땅에 있는 성도들은 존귀한 자들이니

나의 모든 즐거움이 그들에게 있도다.

(16:3) 성도들은 존귀한 자들

≡ 낮에 복음

무엇이든지 남에게 대접을 받고자 하는 대로

너희도 남을 대접하라.

이것이 율법[32]이요 선지자니라.

(마태복음 7:12)

≡ 저녁에 잠언

여호와를 경외하는 것이 지혜의 근본이요

거룩하신 자를 아는 것이 명철이니라.

(9:10) 지혜의 근본 / 명철 / cf. 잠언 1:7

---

32 황금률(黃金律): 그리스도인의 기본적인 윤리 원칙

▎ 주께서 선지자로 하신 말씀

한 아기가 우리에게 났고

한 아들을 우리에게 주신 바 되었는데

그의 어깨에는 정사를 메었고

그의 이름은 기묘자라[33], 모사라[34],

전능하신 하나님이라, **영존하시는 아버지**라,

평강의 왕이라 할 것임이라.

그 정사와 평강의 더함이 무궁하며

또 다윗의 왕좌와 그의 나라에 군림하여

그 나라를 굳게 세우고

지금 이후로 영원히 정의와 공의로 그것을 보존하실 것이라.

만군의 여호와의 열심이 이를 이루시리라.

(이사야 9:6-7)

▎ 보내심을 받은 이들의 편지

우리가 원수 되었을 때

그의 아들의 죽으심으로 말미암아

하나님과 화목하게 되었은즉

화목하게 된 자로서는

더욱 그의 살아나심으로 말미암아 구원을 받을 것이니라.

(로마서 5:10) 하나님과 화목

---

33 경이로우신 이

34 친절한 상담자

≣ 아침에 시편

다른 신에게 예물을 드리는 자는
괴로움이 더할 것이라.
나는 그들이 드리는 피의 전제를 드리지 아니하며
내 입술로 그 이름도 부르지 아니하리로다.
(16:4) 그 이름도 부르지 아니하리로다

≣ 낮에 복음

좁은 문으로 들어가라.
멸망으로 인도하는 문은
크고 그 길이 넓어 그리로 들어가는 자가 많고
생명으로 인도하는 문은
좁고 길이 협착하여 찾는 자가 적음이라.
(마태복음 7:13-14) 좁은 문 / 생명으로 인도하는 문

≣ 저녁에 잠언

나 지혜로 말미암아
네 날이 많아질 것이요
네 생명의 해가 네게 더하리라.
네가 만일 지혜로우면
그 지혜가 네게 유익할 것이나
네가 만일 거만하면 너 홀로 해를 당하리라.
(9:11-12)

▌ 전도의 문, 전도의 길

사도들은 **그 이름을 위하여** 능욕 받는 일에 합당한 자로
여기심을 기뻐하면서 공회 앞을 떠나니라.

(사도행전 5:41) cf. 마태복음 5:11, 디모데후서 1:8

▌ 밤에 전도서

네가 하나님께 서원하였거든 갚기를 더디게 하지 말라.
하나님은 우매한 자들을 기뻐하지 아니하시나니
서원[35] 한 것을 갚으라.

(5:4) 서원한 것이 실수라고 말하지 말라(6절)

▌ 주께서 선지자로 하신 말씀

대저 악행은 불타오르는 것 같으니 곧 찔레와 가시를 삼키며
빽빽한 수풀을 살라 연기가 위로 올라가게 함과 같은 것이라.

(이사야 9:18)

▌ 보내심을 받은 이들의 편지

한 사람으로 말미암아 죄가 세상에 들어오고
죄로 말미암아 사망이 들어왔나니
이와 같이 **모든 사람**이 죄를 지었으므로
사망이 모든 사람에게 이르렀느니라.

(로마서 5:12) 아담의 죄, 불신앙, 불순종 / 죄 / 사망

---

35 하나님께 어떤 선행을 하거나 헌물을 바치겠다고 맹세함

≡ 아침에 시편

여호와는 나의 산업과 나의 잔의 소득이시니
나의 분깃[36]을 지키시나이다.
내게 줄로 재어 준 구역은 아름다운 곳에 있음이여
나의 기업이 실로 아름답도다.

(16:5-6)

≡ 낮에 복음

거짓 선지자들을 삼가라.
양의 옷을 입고 너희에게 나아오나
속에는 노략질하는 이리라.
그들의 열매로 그들을 알지니
가시나무에서 포도를
또는 엉겅퀴에서 무화과를 따겠느냐.
이와 같이 좋은 나무마다 아름다운 열매를 맺고
못된 나무가 나쁜 열매를 맺나니
좋은 나무가 나쁜 열매를 맺을 수 없고
못된 나무가 아름다운 열매를 맺을 수 없느니라.
아름다운 열매를 맺지 아니하는 나무마다 찍혀
불에 던져지느니라.
이러므로 그들의 열매로 그들을 알리라.

(마태복음 7:15-20) 그들의 열매로 그들을 알리라

---

36 재산의 한몫을 유산으로 나누어주는 일

≡ 저녁에 잠언

불의의 재물은 무익하여도

공의는 죽음에서 건지느니라.

(10:2)

❙ 전도의 문, 전도의 길

그들이 **날마다 성전에 있든지 집에 있든지**

예수는 그리스도라고 가르치기와 전도하기를 그치지 아니하니라.

(사도행전 5:42) 예수는 그리스도 / 가르치기 / 전도하기

❙ 밤에 전도서

꿈이 많으면 헛된 일들이 많아지고

말이 많아도 그러하니

오직 너는 하나님을 경외할지니라.

(5:7)

❙ 주께서 선지자로 하신 말씀

벌하시는 날과 멀리서 오는 환난 때에 너희가 어떻게 하려느냐.

누구에게로 도망하여 도움을 구하겠으며

너희의 영화를 어느 곳에 두려느냐.

(이사야 10:3)

≡ 아침에 시편

나를 훈계하신 여호와를 송축할지라.

밤마다 내 양심이 나를 교훈하도다.

내가 여호와를 항상 내 앞에 모심이여

그가 나의 오른쪽에 계시므로 내가 흔들리지 아니하리로다.

이러므로 나의 마음이 기쁘고 나의 영도 즐거워하며

내 육체도 안전히 살리니

이는 주께서 내 영혼을 스올에 버리지 아니하시며

주의 거룩한 자를 멸망시키지 않으실 것임이니이다.

(16:7-10)

≡ 낮에 복음

나더러 주여 주여 하는 자마다

다 천국에 들어갈 것이 아니요

다만 하늘에 계신

내 아버지의 뜻대로 행하는 자라야 들어가리라.

(마태복음 7:21) 아버지의 뜻대로 행하는 자

≡ 저녁에 잠언

여호와께서 의인의 영혼은 주리지 않게 하시나

악인의 소욕은 물리치시느니라.

(10:3)

▌ 보내심을 받은 이들의 편지

한 사람의 범죄로 말미암아

사망이 그 한 사람을 통하여 왕 노릇 하였은즉

더욱 은혜와 의의 선물을 넘치게 받는 자들은

한 분 예수 그리스도를 통하여 생명 안에서 왕 노릇 하리로다.

(로마서 5:17) 아담 / 예수 그리스도

▌ 전도의 문, 전도의 길

우리는 오로지 기도하는 일과 말씀 사역에 힘쓰리라.

하나님의 말씀이 점점 왕성하여

예루살렘에 있는 **제자의 수가 더 심히 많아지고**

허다한 제사장의 무리도 이 도에 복종하니라.

(사도행전 6:4, 7) 기도하는 일 / 말씀 사역

▌ 밤에 전도서

너는 어느 지방에서든지 빈민을 학대하는 것과

정의와 공의를 짓밟는 것을 볼지라도

그것을 **이상히 여기지 말라.**

높은 자는 더 높은 자가 감찰하고

또 그들보다 더 높은 자들도 있음이니라.

(5:8)

≣ 아침에 시편

주께서 생명의 길을 내게 보이시리니
주의 앞에는 충만한 기쁨이 있고
주의 오른쪽에는 영원한 즐거움이 있나이다.

(16:11) 생명의 길 / 충만한 기쁨 / 영원한 즐거움

≣ 낮에 복음

누구든지 나의 이 말을 듣고 행하는 자는
그 집을 반석 위에 지은 지혜로운 사람 같으리니
비가 내리고 창수가 나고 바람이 불어 그 집에 부딪히되
무너지지 아니하나니 이는 주초를 반석 위에 놓은 까닭이요
나의 이 말을 듣고 행하지 아니하는 자는
그 집을 모래 위에 지은 어리석은 사람 같으리니
비가 내리고 창수가 나고 바람이 불어 그 집에 부딪히매
무너져 그 무너짐이 심하니라.

(마태복음 7:24-27) 듣고 행하는 자 / 지혜로운 사람

≣ 저녁에 잠언

손을 게으르게 놀리는 자는 가난하게 되고
손이 부지런한 자는 부하게 되느니라.

(10:4)

▎ 주께서 선지자로 하신 말씀

도끼가 어찌 찍는 자에게 스스로 자랑하겠으며
톱이 어찌 켜는 자에게 스스로 큰 체하겠느냐.
이는 막대기가 자기를 드는 자를 움직이려 하며
몽둥이가 나무 아닌 사람을 들려 함과 같음이로다.
(이사야 10:15)

▎ 보내심을 받은 이들의 편지

한 사람이 순종하지 아니함으로 많은 사람이 죄인 된 것같이
한 사람이 순종하심으로 많은 사람이 의인이 되리라.
(로마서 5:19) 아담의 불순종 / 그리스도의 순종

▎ 전도의 문, 전도의 길

스데반이 **은혜와 권능이 충만하여**
큰 기사와 표적을 민간에 행하니
스데반이 **지혜와 성령으로 말함을** 그들이 능히 당하지 못하여……
(사도행전 6:8, 10)

☰ 아침에 시편

여호와여, 의의 호소를 들으소서.

나의 울부짖음에 주의하소서.

거짓되지 아니한 입술에서 나오는

나의 기도에 귀를 기울이소서.

(17:1) 의의 호소 / 거짓되지 아니한 입술

☰ 낮에 복음

한 나병 환자가 나아와 절하며 이르되

주여, 원하시면 저를 깨끗하게 하실 수 있나이다.

하거늘 예수께서 손을 내밀어 그에게 대시며 이르시되

내가 원하노니 깨끗함을 받으라.

하시니, 즉시 그의 나병이 깨끗하여진지라.

(마태복음 8:2-3) 주여, 원하시면 / 내가 원하노니 깨끗함을 받으라

☰ 저녁에 잠언

의인의 머리에는 복이 임하나

악인의 입은 독을 머금었느니라.

(10:6) cf. 잠언 10:11

▌ 밤에 전도서

은을 사랑하는 자는 은으로 **만족하지 못하고**

풍요를 사랑하는 자는 소득으로 **만족하지 아니하나니**

이것도 헛되도다.

(5:10)

▌ 주께서 선지자로 하신 말씀

그날에 이스라엘의 남은 자와 야곱 족속의 피난한 자들이

다시는 자기를 친 자를 의지하지 아니하고

이스라엘의 거룩하신 이 **여호와를 진실하게 의지하리니**

남은 자 곧 야곱의 남은 자가 능하신 **하나님께로 돌아올 것이라.**

(이사야 10:20-21) 남은 자

▌ 보내심을 받은 이들의 편지

우리가 알거니와 우리의 옛사람이

예수와 함께 십자가에 못 박힌 것은 죄의 몸이 죽어

다시는 우리가 죄에게 종노릇하지 아니하려 함이니

이는 죽은 자가 죄에서 벗어나 의롭다 하심을 얻었음이라.

(로마서 6:6-7)

☰ 아침에 시편

주께서 나를 판단하시며

주의 눈으로 공평함을 살피소서.

주께서 내 마음을 시험하시고

밤에 내게 오시어서 나를 감찰하셨으나

흠을 찾지 못하셨사오니

내가 결심하고 입으로 범죄하지 아니하리이다.

(17:2-3) 내가 결심하고 / cf. 다니엘 1:8-9

☰ 낮에 복음

예수께서 가버나움에 들어가시니

한 백부장이 나아와 간구하여 이르되

주여, 내 하인이 중풍으로 집에 누워 몹시 괴로워하나이다.

이르시되

내가 가서 고쳐 주리라.

백부장이 대답하여 이르되

주여, 내 집에 들어오심을 나는 감당하지 못하겠사오니

다만 말씀으로만 하옵소서. 그러면 내 하인이 낫겠사옵나이다.

예수께서 들으시고 놀랍게 여겨 따르는 자들에게 이르시되

내가 진실로 너희에게 이르노니

이스라엘 중 아무에게서도 **이만한 믿음을 보지 못하였노라.**

예수께서 백부장에게 이르시되

가라, 네 믿은 대로 될지어다.

하시니 그 즉시 하인이 나으니라.

(마태복음 8:5-8, 10, 13) 다만 말씀으로만 하옵소서 / 네 믿은 대로 될지어다

☰ 저녁에 잠언

마음이 지혜로운 자는 계명을 받거니와

입이 미련한 자는 멸망하리라.

(10:8)

▎ 전도의 문, 전도의 길

그들이 돌로 스데반을 치니 스데반이 부르짖어 이르되

주 예수여, 내 영혼을 받으시옵소서.

하고 무릎을 꿇고 크게 불러 이르되

주여, 이 죄를 그들에게 돌리지 마옵소서.

이 말을 하고 자니라.

(사도행전 7:59-60)

▎ 밤에 전도서

노동자는 먹는 것이 많든지 적든지 잠을 달게 자거니와

부자는 그 부요함 때문에 자지 못하느니라.

(5:12)

≡ 아침에 시편

주께 피하는 자들을

그 일어나 치는 자들에게서

오른손으로 구원하시는 주여,

주의 기이한 사랑을 나타내소서.

나를 눈동자같이 지키시고

주의 날개 그늘 아래에 감추사

내 앞에서 나를 압제하는 악인들과

나의 목숨을 노리는 원수들에게서 벗어나게 하소서.

(17:7-9) 주의 기이한 사랑 / 나를 눈동자같이 지키시고

≡ 낮에 복음

저물매 사람들이 귀신 들린 자를 많이 데리고 예수께 오거늘

예수께서 말씀으로 귀신들을 쫓아내시고 병든 자들을 다 고치시니

이는 **선지자 이사야를 통하여 하신 말씀에**

우리의 연약한 것을 친히 담당하시고 병을 짊어지셨도다.

함을 이루려 하심이더라.

(마태복음 8:16-17) 우리의 연약한 것을 친히 담당하시고 병을 짊어지셨도다

≡ 저녁에 잠언

바른길로 행하는 자는 걸음이 평안하려니와

굽은 길로 행하는 자는 드러나리라.

(10:9)

▌ 주께서 선지자로 하신 말씀

이새[37]의 줄기에서 **한 싹**이 나며

그 뿌리에서 **한 가지**가 나서 결실할 것이요

그의 위에 여호와의 영 곧 **지혜와 총명의 영**이요,

모략과 재능의 영이요, **지식과 여호와를 경외하는 영**이

강림하시리니 그가 여호와를 경외함으로 즐거움을 삼을 것이며

그의 눈에 보이는 대로 심판하지 아니하며

그의 귀에 들리는 대로 판단하지 아니하며

공의로 가난한 자를 심판하며 정직으로 세상의 겸손한 자를

판단할 것이며 그의 입의 막대기로 세상을 치며

그의 입술의 기운으로 악인을 죽일 것이며

공의로 그의 허리띠를 삼으며 성실로 그의 몸의 띠를 삼으리라.

(이사야 11:1-5) 여호와의 영

▌ 보내심을 받은 이들의 편지

그가 죽으심은 **죄에 대하여** 단번에 죽으심이요

그가 살아 계심은 **하나님께 대하여** 살아 계심이니

이와 같이 너희도 너희 자신을 죄에 대하여는 죽은 자요

그리스도 예수 안에서 하나님께 대하여는 살아 있는 자로

여길지어다.

(로마서 6:10-11) 그리스도 예수 안에서

---

37 다윗 왕의 아버지

☰ 아침에 시편

나는 의로운 중에 주의 얼굴을 뵈오리니
깰 때 주의 형상으로 만족하리이다.

(17:15) 주의 형상으로 만족하리이다

☰ 낮에 복음

한 서기관이 나아와 예수께 아뢰되
선생님이여 어디로 가시든지 저는 따르리이다.
예수께서 이르시되
여우도 굴이 있고 공중의 새도 거처가 있으되
인자는 머리 둘 곳이 없다 하시더라.

(마태복음 8:19-20)

☰ 저녁에 잠언

미움은 다툼을 일으켜도
사랑은 모든 허물을 가리느니라.

(10:12) / cf. 베드로전서 4:8

▌ 밤에 전도서

내가 해 아래에서 큰 폐단 되는 일이 있는 것을 보았나니
곧 소유주가 재물을 자기에게 해가 되도록 소유하는 것이라.

(5:13) 소유의 폐단

▌ 주께서 선지자로 하신 말씀

그때 이리가 어린 양과 함께 살며
표범이 어린 염소와 함께 누우며
송아지와 어린 사자와 살진 짐승이 함께 있어
어린아이에게 끌리며
암소와 곰이 함께 먹으며 그것들의 새끼가 함께 엎드리며
사자가 소처럼 풀을 먹을 것이며
젖 먹는 아이가 독사의 구멍에서 장난하며
젖 뗀 어린아이가 독사의 굴에 손을 넣을 것이라.
내 거룩한 산 모든 곳에서 해 됨도 없고 상함도 없을 것이니
이는 **물이 바다를 덮음같이** 여호와를 아는 지식이
세상에 충만할 것임이니라.

(이사야 11:6-9) 평화의 나라 / 여호와를 아는 지식

☰ 아침에 시편

나의 힘이신 여호와여,

내가 주를 사랑하나이다.

여호와는 나의 반석이시요, 나의 요새시요,

나를 건지시는 이시요, **나의 하나님**이시요,

내가 그 안에 피할 나의 바위시요,

나의 방패시요, 나의 구원의 뿔이시요,

나의 산성이시로다.

(18:1-2) 나의 힘이신 여호와여 내가 주를 사랑하나이다

☰ 낮에 복음

제자 중에 또 한 사람이 이르되 주여,

내가 먼저 가서 내 아버지를 장사하게 허락하옵소서.

예수께서 이르시되

죽은 자들이 그들의 죽은 자들을 장사하게 하고

너는 나를 따르라 하시니라.

(마태복음 8:21-22)

☰ 저녁에 잠언

명철한 자의 입술에는 지혜가 있어도

지혜 없는 자의 등을 위하여는 채찍이 있느니라.

지혜로운 자는 지식을 간직하거니와

미련한 자의 입은 멸망에 가까우니라.

(10:13-14) 명철한 자의 입술 / 미련한 자의 입

▌ 보내심을 받은 이들의 편지

너희는 죄가 너희 죽을 몸을

지배하지 못하게 하여 몸의 사욕에 순종하지 말고

또한, 너희 지체를 불의의 무기로 죄에게 내주지 말고

오직 너희 자신을 죽은 자 가운데서 다시 살아난 자같이

하나님께 드리며 너희 지체를 의의 무기로 하나님께 드리라.

(로마서 6:12-13) 죄 / 몸의 사욕 / 불의의 무기 / 의의 무기

▌ 밤에 전도서

사람의 수고는 다 자기의 입을 위함이나

그 식욕은 채울 수 없느니라.

(6:7) 수고 / 식욕

▌ 주께서 선지자로 하신 말씀

그날에 이새의 뿌리에서 한 싹이 나서

만민의 기치로 설 것이요 열방이 그에게로 돌아오리니

그가 거한 곳이 영화로우리라.

(이사야 11:10)

▌ 보내심을 받은 이들의 편지

죄가 너희를 주장하지 못하리니 이는 너희가

법 아래에 있지 아니하고 은혜 아래에 있음이라.

(로마서 6:14) 법 / 은혜

≡ 아침에 시편

내가 환난 중에서
여호와께 아뢰며 나의 하나님께 부르짖었더니
그가 그의 성전에서 내 소리를 들으심이여
그의 앞에서 나의 부르짖음이 그의 귀에 들렸도다.

(18:6) 아뢰며 / 부르짖었더니 / 들으심이여

≡ 낮에 복음

배에 오르시매 제자들이 따랐더니
바다에 큰 놀이 일어나 배가 물결에 덮이게 되었으되
예수께서는 주무시는지라 그 제자들이 나아와 깨우며 이르되
주여 구원하소서 우리가 죽겠나이다 예수께서 이르시되
어찌하여 무서워하느냐 믿음이 작은 자들아 하시고
곧 일어나사 **바람과 바다를 꾸짖으시니 아주 잔잔하게 되거늘**
그 사람들이 놀랍게 여겨 이르되 이이가 어떠한 사람이기에
바람과 바다도 순종하는가 하더라.

(마태복음 8:23-27) 믿음이 작은 자들아 / 이이가 어떠한 사람이기에

≡ 저녁에 잠언

의인의 수고는 **생명**에 이르고
악인의 소득은 **죄**에 이르느니라.

(10:16) 의인의 수고 / 악인의 소득

▌ 전도의 문, 전도의 길

사울은 그가 죽임당함을 마땅히 여기더라

그날에 예루살렘에 있는 교회에 큰 박해가 있어

사도 외에는 다 유대와 사마리아 모든 땅으로 **흩어지니라.**

경건한 사람들이 스데반을 장사하고 위하여 크게 울더라.

사울이 교회를 잔멸할새

각 집에 들어가 남녀를 끌어다가 옥에 넘기니라.

그 **흩어진 사람들이** 두루 다니며 복음의 말씀을 전할새

빌립이 사마리아 성에 내려가 그리스도를 백성에게 전파하니

무리가 빌립의 말도 듣고 행하는 표적도 보고

한마음으로 그가 하는 말을 따르더라.

(사도행전 8:1-6) 박해 / 스데반 / 사울 / 빌립

▌ 밤에 전도서

눈으로 보는 것이 마음으로 공상하는 것보다 나으나,

이것도 헛되어 바람을 잡는 것이로다.

(6:9)

▌ 주께서 선지자로 하신 말씀

보라, 하나님은 나의 구원이시라.

내가 신뢰하고 두려움이 없으리니

주 여호와는 나의 힘이시며,

나의 노래시며, 나의 구원이심이라.

(이사야 12:2)

☰ 아침에 시편

그가 높은 곳에서 손을 펴사 나를 붙잡아 주심이여
많은 물에서 나를 건져내셨도다.
나를 강한 원수와 미워하는 자에게서 건지셨음이여
그들은 나보다 힘이 세기 때문이로다.
그들이 나의 재앙의 날에 내게 이르렀으나
여호와께서 나의 의지가 되셨도다.
나를 넓은 곳으로 인도하시고
나를 기뻐하시므로 나를 구원하셨도다.

(18:16-19)

☰ 낮에 복음

건강한 자에게는 의사가 쓸데없고
병든 자에게라야 쓸 데 있느니라 너희는 가서
내가 긍휼을 원하고 제사를 원하지 아니하노라 하신 뜻이
무엇인지 배우라 나는 의인을 부르러 온 것이 아니요
죄인을 부르러 왔노라 하시니라.

(마태복음 9:12-13) / 죄인을 부르러 왔노라.

☰ 저녁에 잠언

말이 많으면 허물을 면하기 어려우나
그 입술을 제어하는 자는 지혜가 있느니라.

(10:19)

▎ 보내심을 받은 이들의 편지

너희 자신을 종으로 내주어 누구에게 순종하든지

그 순종함을 받는 자의 종이 되는 줄을

너희가 알지 못하느냐.

혹은 죄의 종으로 사망에 이르고

혹은 순종의 종으로 의에 이르느니라.

(로마서 6:16) 죄의 종 / 순종의 종

▎ 전도의 문, 전도의 길

사울이 길을 가다가 다메섹에 가까이 이르더니

홀연히 하늘로부터 빛이 그를 둘러 비추는지라.

땅에 엎드려 들으매 소리가 있어 이르시되

사울아, 사울아. 네가 어찌하여 나를 박해하느냐.

하시거늘 대답하되

주여, 누구시니이까.

이르시되

나는 네가 박해하는 예수라.

(사도행전 9:3-5)

≡ 아침에 시편

자비로운 자에게는 주의 자비로우심을 나타내시며
완전한 자에게는 주의 완전하심을 보이시며
깨끗한 자에게는 주의 깨끗하심을 보이시며
사악한 자에게는 주의 거스르심을 보이시리니
주께서 곤고한 백성은 구원하시고
교만한 눈은 낮추시리이다.

(18:25-27)

≡ 낮에 복음

예수께서 집에 들어가시매 맹인들이 그에게 나아오거늘
예수께서 이르시되
내가 능히 이 일 할 줄을 믿느냐.
대답하되
주여, 그러하오이다.
하니 이에 예수께서 그들의 눈을 만지시며 이르시되
너희 **믿음대로 되라.**
하시니 그 눈들이 밝아진지라.

(마태복음 9:28-30)

≡ 저녁에 잠언

의인의 입술은 여러 사람을 교육하나
미련한 자는 지식이 없어 죽느니라.

(10:21)

▎ 밤에 전도서

헛된 생명의 모든 날을 그림자 같이 보내는 일평생에
사람에게 무엇이 낙인지를 누가 알며
그 후에 해 아래에서 무슨 일이 있을 것을
누가 능히 그에게 고하리요……

(6:12)

▎ 주께서 선지자로 하신 말씀

여호와를 찬송할 것은 극히 아름다운 일을 하셨음이니
이를 온 땅에 알게 할지어다.

(이사야 12:5)

▎ 보내심을 받은 이들의 편지

죄의 삯은 사망이요
하나님의 은사는
그리스도 예수 우리 주 안에 있는 영생이니라.

(로마서 6:23) 죄의 삯 / 사망 / 하나님의 은사(선물) / 영생

☰ 아침에 시편

주께서 나의 등불을 켜심이여
여호와 내 하나님이 내 흑암을 밝히시리이다.

(18:28)

☰ 낮에 복음

예수께서 모든 도시와 마을에 두루 다니사
그들의 회당에서 가르치시며 **천국 복음**을 전파하시며
모든 병과 모든 약한 것을 **고치시니라.**
무리를 보시고 **불쌍히 여기시니** 이는 그들이
목자 없는 양과 같이 고생하며 기진함이라.

(마태복음 9:35-36)

☰ 저녁에 잠언

여호와께서 주시는 복은 사람을 부하게 하고
근심을 겸하여 주지 아니하시느니라.

(10:22)

▎ 전도의 문, 전도의 길

사울이 다메섹에 있는 제자들과 함께 며칠 있을새
즉시로 각 회당에서 **예수가 하나님의 아들**이심을 전파하니
듣는 사람이 다 놀라 말하되 이 사람이 예루살렘에서
이 이름을 부르는 사람을 멸하려던 자가 아니냐.
여기 온 것도 그들을 결박하여
대제사장들에게 끌어가고자 함이 아니냐 하더라.
사울은 힘을 더 얻어 **예수를 그리스도**라 증언하여
다메섹에 사는 유대인들을 당혹하게 하니라.

(사도행전 9:19-22) 사울의 회심, 전파, 증언

▎ 밤에 전도서

초상집에 가는 것이 잔칫집에 가는 것보다 나으니
모든 사람의 끝이 이와 같이 됨이라.
산 자는 이것을 그의 마음에 둘지어다.
지혜자의 마음은 초상집에 있으되
우매한 자의 마음은 혼인집에 있느니라.

(7:2, 4)

▎ 주께서 선지자로 하신 말씀

만군의 여호와께서 맹세하여 이르시되
내가 생각한 것이 반드시 되며
내가 경영한 것을 반드시 이루리라.

(이사야 14:24)

≡ 아침에 시편

여호와의 율법은 **완전**하여 영혼을 소성시키며
여호와의 증거는 **확실**하여 우둔한 자를 지혜롭게 하며
여호와의 교훈은 **정직**하여 마음을 기쁘게 하고
여호와의 계명은 **순결**하여 눈을 밝게 하시도다.

(19:7-8)

≡ 낮에 복음

너희가 나로 말미암아 총독들과 임금들 앞에 끌려가리니
이는 그들과 이방인들에게 증거가 되게 하려 하심이라.
너희를 넘겨 줄 때 어떻게 또는 무엇을 말할까 염려하지 말라.
그때 너희에게 할 말을 주시리니 말하는 이는 너희가 아니라
너희 속에서 말씀하시는 이 곧 너희 아버지의 성령이시니라.

(마태복음 10:18-20)

≡ 저녁에 잠언

여호와를 **경외**하면 **장수**하느니라.
그러나 악인의 수명은 짧아지느니라.

(10:27)

▎ 보내심을 받은 이들의 편지

이제 **그리스도 예수 안에 있는 자에게는 결코 정죄함이 없나니**

이는 그리스도 예수 안에 있는 생명의 성령의 법이

죄와 사망의 법에서 너를 해방하였음이라.

(로마서 8:1-2) 생명의 성령의 법 / 죄와 사망의 법

▎ 전도의 문, 전도의 길

사울이 예루살렘에 가서 제자들을 사귀고자 하나

다 두려워하여 그가 제자 됨을 믿지 아니하니

바나바가 데리고 사도들에게 가서

그가 길에서 어떻게 주를 보았는지와

주께서 그에게 말씀하신 일과 다메섹에서 그가

어떻게 예수의 이름으로 담대히 말하였는지를 전하니라.

(사도행전 9:26-27) 바나바와 사울

▎ 밤에 전도서

지혜로운 사람의 책망을 듣는 것이

우매한 자들의 노래를 듣는 것보다 나으니라.

(7:5)

☰ 아침에 시편

여호와를 경외하는 도는 정결하여 영원까지 이르고
여호와의 법도 진실하여 다 의로우니
금 곧 많은 순금보다 더 사모할 것이며
꿀과 송이꿀보다 더 달도다.
또 주의 종이 이것으로 경고를 받고
이것을 지킴으로 상이 크니이다.
(19:9-11)

☰ 낮에 복음

몸은 죽여도
영혼은 능히 죽이지 못하는 자들을 두려워하지 말고
오직 몸과 영혼을
능히 지옥에 멸하실 수 있는 이를 두려워하라.
(마태복음 10:28)

☰ 저녁에 잠언

의인의 소망은 즐거움을 이루어도
악인의 소망은 끊어지느니라.
(10:28)

▎ 주께서 선지자로 하신 말씀

여호와여 주는 나의 하나님이시라.

내가 주를 높이고 주의 이름을 찬송하오리니

주는 기사를 옛적에 정하신 뜻대로

성실함과 진실함으로 행하셨음이라.

(이사야 25:1)

▎ 보내심을 받은 이들의 편지

육신을 따르는 자는 육신의 일을

영을 따르는 자는 영의 일을 생각하나니

육신의 생각은 사망이요, 영의 생각은 생명과 평안이니라.

(로마서 8:5-6) 영을 따르는 자 / 영의 생각 / 생명과 평안

▎ 전도의 문, 전도의 길

온 유대와 갈릴리와 사마리아 **교회가 평안하여 든든히 서 가고**

주를 경외함과 성령의 위로로 진행하여 수가 더 많아지니라.

(사도행전 9:31) 주를 경외함 / 성령의 위로

▎ 밤에 전도서

탐욕이 지혜자를 우매하게 하고

뇌물이 사람의 명철을 망하게 하느니라.

(7:7)

☰ 아침에 시편

나의 반석이시요,

나의 구속자이신 여호와여,

내 입의 말과 마음의 묵상이

주님 앞에 열납되기를 원하나이다.

(19:14) 입의 말 / 마음의 묵상 / 열납

☰ 낮에 복음

누구든지 사람 앞에서 나를 시인하면

나도 하늘에 계신 내 아버지 앞에서 그를 시인할 것이요

누구든지 사람 앞에서 나를 부인하면

나도 하늘에 계신 내 아버지 앞에서 그를 부인하리라.

(마태복음 10:32-33)

☰ 저녁에 잠언

여호와의 도가 정직한 자에게는 산성이요

행악하는 자에게는 멸망이니라.

(10:29)

▎ 주께서 선지자로 하신 말씀

주께서 심지가 견고한 자를 **평강하고 평강하도록** 지키시리니
이는 그가 주를 신뢰함이니이다.

(이사야 26:3)

▎ 보내심을 받은 이들의 편지

육신의 생각은 하나님과 원수가 되나니 이는
하나님의 법에 굴복하지 아니할 뿐 아니라 할 수도 없음이라.
육신에 있는 자들은 하나님을 기쁘시게 할 수 없느니라.

(로마서 8:7-8)

▎ 전도의 문, 전도의 길

그때 베드로가 사방으로 두루 다니다가
룻다에 사는 성도들에게도 내려갔더니
거기서 애니아라 하는 사람을 만나매
그는 중풍으로 침상 위에 누운 지 여덟 해라.
베드로가 이르되
애니아야, 예수 그리스도께서 너를 낫게 하시니
일어나 네 자리를 정돈하라.
한대 곧 일어나니
룻다와 사론에 사는 사람들이 다 그를 보고
주께로 돌아오니라.

(사도행전 9:32-35)

▌ 밤에 전도서

일의 끝이 시작보다 낫고

참는 마음이 교만한 마음보다 나으니

급한 마음으로 노를 발하지 말라.

노는 우매한 자들의 품에 머무름이니라.

(7:8-9)

▌ 주께서 선지자로 하신 말씀

너희는 여호와를 영원히 신뢰하라.

주 여호와는 영원한 반석이심이로다.

(이사야 26:4)

▌ 보내심을 받은 이들의 편지

만일 너희 속에 하나님의 영이 거하시면

너희가 육신에 있지 아니하고 영에 있나니

누구든지 그리스도의 영이 없으면 그리스도의 사람이 아니라.

(로마서 8:9)

▌ 전도의 문, 전도의 길

욥바에 다비다라 하는 여제자가 있으니

그 이름을 번역하면 도르가라.

선행과 구제하는 일이 심히 많더니

그때 병들어 죽으매 시체를 씻어 다락에 누이니라.

베드로가 사람을 다 내보내고 무릎을 꿇고 기도하고

돌이켜 시체를 향하여 이르되

다비다야, 일어나라.

하니 그가 눈을 떠 베드로를 보고 일어나 앉는지라.

베드로가 손을 내밀어 일으키고

성도들과 과부들을 불러들여 그가 살아난 것을 보이니

온 욥바 사람이 알고 **많은 사람이 주를 믿더라.**

(사도행전 9:36-37, 40-42)

▌ 밤에 전도서

옛날이 오늘보다 나은 것이 어찜이냐 하지 말라.

이렇게 묻는 것은 지혜가 아니니라.

(7:10)

▌ 주께서 선지자로 하신 말씀

의인의 길은 정직함이여

정직하신 주께서 의인의 첩경을 평탄하게 하시도다.

(이사야 26:7)

▌ 보내심을 받은 이들의 편지

예수를 죽은 자 가운데서 살리신 이의 영이 너희 안에 거하시면

그리스도 예수를 죽은 자 가운데서 살리신 이가

너희 안에 거하시는 그의 영으로 말미암아

너희 죽을 몸도 살리시리라.

(로마서 8:11)

▎전도의 문, 전도의 길

베드로가 입을 열어 말하되
내가 참으로 하나님은 사람의 외모를 보지 아니하시고
각 나라 중 하나님을 경외하며 의를 행하는 사람은
다 받으시는 줄 깨달았도다.

(사도행전 10:34–35) 베드로가 고넬료 앞에서 한 말

▎밤에 전도서

지혜는 유산 같이 아름답고
햇빛을 보는 자에게 유익이 되도다.

(7:11)

▎주께서 선지자로 하신 말씀

여호와여 주께서 심판하시는 길에서
우리가 주를 기다렸사오며
주의 이름을 위하여 또 주를 기억하려고
우리 영혼이 사모하나이다.
밤에 내 영혼이 주를 사모하였사온즉
내 중심이 주를 간절히 구하오리니
이는 주께서 땅에서 심판하시는 때에
세계의 거민이 의를 배움이니이다.

(이사야 26:8–9)

▌ 보내심을 받은 이들의 편지

무릇 **하나님의 영으로 인도함을 받는 사람**은
곧 하나님의 아들이라.
너희는 다시 무서워하는 종의 영을 받지 아니하고
양자의 영을 받았으므로
우리가 아빠, 아버지라고 부르짖느니라.

(로마서 8:14-15) 하나님의 아들 / 양자의 영 / 아빠, 아버지

▌ 전도의 문, 전도의 길

하나님이 나사렛 예수에게
성령과 능력을 기름 붓듯 하셨으매
그가 두루 다니시며 선한 일을 행하시고
마귀에게 눌린 모든 사람을 고치셨으니
이는 **하나님이 함께하셨음이라.**

(사도행전 10:38) 베드로의 증언

▌ 밤에 전도서

지혜의 그늘 아래에 있음은
돈의 그늘 아래에 있음과 같으나
지혜에 관한 지식이 더 유익함은
지혜가 그 지혜 있는 자를 살리기 때문이니라.

(7:12) 그대는 무엇의 그늘 아래에 있는가

▍ 주께서 선지자로 하신 말씀

주의 죽은 자들은 살아나고 그들의 시체들은 일어나리이다.

티끌에 누운 자들아, 너희는 깨어 노래하라.

주의 이슬은 빛난 이슬이니 땅이 죽은 자들을 내놓으리로다.

(이사야 26:19) 성도의 부활을 말하다

▍ 보내심을 받은 이들의 편지

성령이 친히 우리의 영과 더불어

우리가 하나님의 자녀인 것을 증언하시나니

자녀이면 또한 상속자 곧 하나님의 상속자요

그리스도와 함께한 상속자니

우리가 **그와 함께 영광을 받기 위하여**

고난도 함께 받아야 할 것이니라.

(로마서 8:16–17) 성령의 증언 / 하나님의 자녀 / 하나님의 상속자

▍ 전도의 문, 전도의 길

하나님께서 **이방인에게도** 생명 얻는 회개를 주셨도다.

(사도행전 11:18) 생명 얻는 회개

▍ 밤에 전도서

하나님께서 행하시는 일을 보라.

하나님께서 굽게 하신 것을 누가 능히 곧게 하겠느냐.

(7:13)

▌ 주께서 선지자로 하신 말씀

그날에 너희는

아름다운 포도원[38]을 두고 노래를 부를지어다.

나 여호와는 포도원지기가 됨이여

때때로 물을 주며 밤낮으로 간수하여

아무든지 이를 해치지 못하게 하리로다.

나는 포도원에 대하여 노함이 없나니

찔레와 가시가 나를 대적하여 싸운다 하자

내가 그것을 밟고 모아 불사르리라.

그리하지 아니하면 내 힘을 의지하고

나와 화친하며 나와 화친할 것이니라.

후일에는 야곱의 뿌리가 박히며

이스라엘의 움이 돋고 꽃이 필 것이라.

그들이 그 결실로 지면을 채우리로다.

(이사야 27:2-6)

▌ 보내심을 받은 이들의 편지

생각하건대 현재의 고난은

장차 우리에게 나타날 영광과 비교할 수 없도다.

(로마서 8:18) 현재의 고난 / 장래의 영광

▌ 밤에 전도서

형통한 날에는 기뻐하고 곤고한 날에는 **되돌아보아라.**

---

38 이스라엘을 지칭하는 말

이 두 가지를 하나님이 병행하게 하사

사람이 그의 장래 일을 능히 헤아려 알지 못하게 하셨느니라.

(7:14) 형통한 날 / 곤고한 날

▮ 주께서 선지자로 하신 말씀

그날에 만군의 여호와께서 자기 백성의 **남은 자**에게

영화로운 면류관이 되시며 아름다운 화관이 되실 것이라.

(이사야 28:5) 영화로운 면류관 / 아름다운 화관

▮ 보내심을 받은 이들의 편지

우리가 소망으로 구원을 얻었으매

보이는 소망이 소망이 아니니 보는 것을 누가 바라리요.

만일 우리가 보지 못하는 것을 바라면 **참음으로 기다릴지니라.**

(로마서 8:24–25) 소망 / 구원 / 보지 못하는 것

▮ 전도의 문, 전도의 길

그때 스데반의 일로 일어난 환난으로

말미암아 흩어진 자들이 베니게와 구브로와

안디옥까지 이르러 유대인에게만 말씀을 전하는데

그중에 구브로와 구레네 몇 사람이 안디옥에 이르러

헬라인에게도 말하여 주 예수를 전파하니

주의 손이 그들과 함께 하시매

수많은 사람이 믿고 주께 돌아오더라.

(사도행전 11:19–21)

▌ 밤에 전도서

사람들이 하는 모든 말에 **네 마음을 두지 말라.**

그리하면 네 종이 너를 저주하는 것을 듣지 아니하리라.

너도 가끔 사람을 저주하였다는 것을 **네 마음도** 알고 있느니라.

(7:21-22)

▌ 주께서 선지자로 하신 말씀

주 여호와께서 이같이 이르시되

보라 내가 한 돌을 시온에 두어 기초를 삼았노니

곧 시험한 돌이요 귀하고 견고한 기촛돌이라.

그것을 믿는 이는 다급하게 되지 아니하리로다.

(이사야 28:16) 시험한 돌 / 귀하고 견고한 기촛돌

▌ 보내심을 받은 이들의 편지

성령도 우리의 연약함을 도우시나니

우리는 마땅히 기도할 바를 알지 못하나 오직 성령이

말할 수 없는 탄식으로 우리를 위하여 친히 간구하시느니라.

마음을 살피시는 이가 성령의 생각을 아시나니

이는 성령이 **하나님의 뜻대로** 성도를 위하여 간구하심이니라.

(로마서 8:26-27) 성령의 간구 / 마음을 살피시는 이 / 성령의 생각

▌ 전도의 문, 전도의 길

예루살렘 교회가 이 사람들의 소문을 듣고

바나바를 안디옥까지 보내니 그가 이르러

하나님의 은혜를 보고 기뻐하여 모든 사람에게
굳건한 마음으로 주와 함께 머물러 있으라 권하니
바나바는 착한 사람이요 성령과 믿음이 충만한 사람이라.
이에 큰 무리가 주께 더하여지더라.

(사도행전 11:22-24) 착한 사람 / 성령과 믿음이 충만한 사람

▌ 밤에 전도서

마음은 올무와 그물 같고 손은 포승[39] 같은 여인은
사망보다 더 쓰다는 사실을 내가 알아내었도다.
그러므로 하나님을 기쁘게 하는 자는
그 여인을 피하려니와 죄인은 그 여인에게 붙잡히리로다.

(7:26)

▌ 주께서 선지자로 하신 말씀

너희는 **귀를 기울여** 내 목소리를 들으라.
자세히 내 말을 들으라.

(이사야 28:23)

▌ 보내심을 받은 이들의 편지

우리가 알거니와 하나님을 사랑하는 자
곧 그의 뜻대로 부르심을 입은 자들에게는
모든 것이 합력하여 선을 이루느니라.

(로마서 8:28) 하나님을 사랑하는 자 / 그의 뜻대로 부르심을 입은 자들

---

39 죄인을 잡아 묶는 노끈

▎ 전도의 문, 전도의 길

바나바가 사울을 찾으러 다소에 가서 만나매
안디옥에 데리고 와서 둘이 교회에 일 년간 모여 있어
큰 무리를 가르쳤고 제자들이 안디옥에서
비로소 그리스도인이라 일컬음을 받게 되었더라.

(사도행전 11:25-26) 안디옥 교회 / 그리스도인

▎ 밤에 전도서

내가 깨달은 것은 오직 이것이라
곧 하나님은 사람을 정직하게 지으셨으나
사람이 많은 꾀를 낸 것이니라.

(7:29)

▎ 주께서 선지자로 하신 말씀

주께서 이르시되 이 백성이 입으로는 나를 가까이하며
입술로는 나를 공경하나 그들의 **마음**은 내게서 멀리 떠났나니
그들이 나를 경외함은 사람의 계명으로 가르침을 받았을 뿐이라.

(이사야 29:13)

▎ 보내심을 받은 이들의 편지

하나님이 미리 아신 자들을
또한, 그 아들의 형상을 본받게 하기 위하여 미리 정하셨으니
이는 그로 많은 형제 중에서 맏아들이 되게 하려 하심이니라.
또 미리 정하신 그들을 또한 부르시고 부르신 그들을 또한

의롭다 하시고 의롭다 하신 그들을 또한 영화롭게 하셨느니라.

(로마서 8:29-30) 예지 / 예정 / 소명 / 칭의 / 영화

▌ 전도의 문, 전도의 길

그때 헤롯 왕이 손을 들어 교회 중에서 몇 사람을

해하려 하여 요한의 형제 야고보를 칼로 죽이니

유대인들이 이 일을 기뻐하는 것을 보고

베드로도 잡으려 할새 때는 무교절 기간이라.

(사도행전 12:1-3) 사도 야고보의 순교

▌ 밤에 전도서

누가 지혜자와 같으며 누가 사물의 이치를 아는 자이냐.

사람의 지혜는 그의 얼굴에 광채가 나게 하나니

그의 얼굴의 사나운 것이 변하느니라.

(8:1) 사물의 이치를 아는 자 / 지혜와 얼굴빛

▌ 주께서 선지자로 하신 말씀

여호와께서 **기다리시나니**

이는 너희에게 은혜를 베풀려 하심이요

일어나시리니 이는 너희를 긍휼히 여기려 하심이라.

대저 여호와는 정의의 하나님이심이라

그를 기다리는 자마다 복이 있도다.

(이사야 30:18) 은혜 / 긍휼 / 정의의 하나님

▍ 보내심을 받은 이들의 편지

만일 하나님이 우리를 위하시면 **누가 우리를 대적하리요**
자기 아들을 아끼지 아니하시고 우리 모든 사람을 위하여
내주신 이가 어찌 **그 아들과 함께 모든 것을**
우리에게 주시지 아니하겠느냐.
누가 능히 하나님께서 택하신 자들을 고발하리요
의롭다 하신 이는 하나님이시니 **누가 정죄하리요**
죽으실 뿐 아니라 다시 살아나신 이는 그리스도 예수시니
그는 하나님 우편에 계신 자요
우리를 위하여 간구하시는 자시니라.

(로마서 8:31-34)

다시 살아나신 이 / 하나님 우편에 계신 자 / 우리를
위하여 간구하시는 자

▍ 밤에 전도서

악한 일에 관한 징벌이 속히 실행되지 아니하므로
인생들이 악을 행하는 데에 마음이 담대하도다.

(8:11)

▍ 주께서 선지자로 하신 말씀

시온에 거주하며 예루살렘에 거주하는 백성아
너는 다시 통곡하지 아니할 것이라.
그가 네 부르짖는 소리로 말미암아 네게 은혜를 베푸시되
그가 들으실 때 **네게 응답하시리라.**

(이사야 30:19)

▌ 보내심을 받은 이들의 편지

누가 우리를 그리스도의 사랑에서 끊으리요

환난이나 곤고나 박해나 기근이나 적신[40]이나 위험이나 칼이랴.

기록된 바 우리가 종일 주를 위하여 죽임을 당하게 되며

도살당할 양같이 여김을 받았나이다 함과 같으니라.

그러나 이 모든 일에 **우리를 사랑하시는 이로 말미암아**

우리가 넉넉히 이기느니라 내가 확신하노니 사망이나 생명이나

천사들이나 권세자들이나 현재 일이나 장래 일이나 능력이나

높음이나 깊음이나 다른 어떤 피조물이라도

우리를 우리 주 그리스도 예수 안에 있는

하나님의 사랑에서 끊을 수 없으리라.

(로마서 8:35-39) 시편 44:22

▌ 밤에 전도서

내가 마음을 다하여 지혜를 알고자 하며

세상에서 행해지는 일을 보았는데

밤낮으로 자지 못하는 자도 있도다.

(8:16)

▌ 주께서 선지자로 하신 말씀

여호와께서 자기 백성의 상처를 싸매시며

그들의 맞은 자리를 고치시는 날에는 달빛은 햇빛 같겠고

햇빛은 일곱 배가 되어 일곱 날의 빛과 같으리라.

(이사야 30:26)

---

40 벌거벗은 몸

▌ 보내심을 받은 이들의 편지

네가 만일 네 입으로 예수를 주로 시인하며
또 하나님께서 그를 죽은 자 가운데서 살리신 것을
네 마음에 믿으면 구원을 받으리라.
사람이 마음으로 믿어 의에 이르고
입으로 시인하여 구원에 이르느니라.
(로마서 10:9-10)

▌ 전도의 문, 전도의 길

하나님의 말씀은 흥왕하여 더하더라.
바나바와 사울이 부조하는 일을 마치고
마가라 하는 요한을 데리고 예루살렘에서 돌아오니라.
(사도행전 12:24-25) 이제 사울은 사도 바울이 되고

▌ 밤에 전도서

하나님을 경외하고
그의 명령들을 지킬지어다.
이것이 모든 사람의 본분이니라.
하나님은 모든 행위와 모든 은밀한 일을
선악 간에 심판하시리라.
(12:13-14)

맑은 물 묵상집 vol. 1 거룩한 탕자

1판 1쇄 발행 2021년 7월 30일

저자 주찬 br forest
교정 윤혜원
편집 문서아

펴낸곳 하움출판사
펴낸이 문현광

주소 전라북도 군산시 수송로 315 하움출판사
이메일 haum1000@naver.com   **홈페이지** haum.kr

ISBN 979-11-6440-805-4 (03230)

좋은 책을 만들겠습니다.
하움출판사는 독자 여러분의 의견에 항상 귀 기울이고 있습니다.